NUNCA LO

Los SECRETOS
BIEN GUARDADOS *(o no tanto)*
de la LENGUA ESPAÑOLA

HUBIERA
DICHO

Colección
HABLANTES

NUNCA LO

Los SECRETOS
BIEN GUARDADOS *(o no tanto)*
de la LENGUA ESPAÑOLA

HUBIERA

DICHO

taurus

REAL ACADEMIA
ESPAÑOLA

ASOCIACIÓN DE ACADEMIAS
DE LA LENGUA ESPAÑOLA

Papel certificado por el Forest Stewardship Council®

Primera edición: marzo de 2022
Primera reimpresión: junio de 2022

Edición al cuidado de Soledad Puértolas, de la Real Academia Española
Con la colaboración de Carlos Domínguez Cintas, responsable de Publicaciones
de la Real Academia Española
Equipo editorial: Alicia Escamilla Galindo y Fernando de la Orden Osuna

Printed in Spain – Impreso en España

ISBN: 978-84-306-2364-8
Depósito legal: B-821-2022

Compuesto en MT Color & Diseño, S. L.
Impreso en Unigraf, Móstoles (Madrid)

T A 2 3 6 4 B

La Real Academia Española (RAE) ha procurado siempre conciliar la calidad filológica de las obras lingüísticas y literarias que edita con su accesibilidad para todos los hispanohablantes, con independencia de cuál sea su grado de formación. A este principio obedecieron los sucesivos epítomes de gramáticas y ortografías o las ediciones divulgativas de grandes clásicos.

Según la definición que figura en el primer repertorio académico, el *Diccionario de autoridades*, *divulgar* consiste en «publicar, extender, esparcir alguna cosa, diciéndola a muchas personas y en muchas partes». La Academia adoptó, por tanto, desde su fundación hace tres siglos, el papel de *divulgadora*, esto es, «que publica a todos cuanto sabe», según decía ese primer diccionario.

Durante los últimos años, la RAE, en colaboración con la Asociación de Academias de la Lengua Española (ASALE), ha multiplicado y diversificado sus obras, elaboradas ahora desde una perspectiva panhispánica. Esta nueva dimensión ensanchó el campo de acción y supuso la apertura de nuevos horizontes, geográficos y humanos, para la tarea académica de poner al alcance de todos los hablantes el conocimiento de la lengua española y de la literatura en español. El XVI Congreso de la Asociación de Academias de la Lengua Española (Sevilla, 2019) aprobó un ambicioso programa que incluye, como parte esencial, una nueva iniciativa con el propósito de ampliar esa línea de trabajo y de ofrecer un servicio renovado a la comunidad hispanohablante.

El primer fruto de esta iniciativa es una nueva colección de libros divulgativos, Hablantes, que tratará distintas cuestiones de interés en torno a la lengua española. Esta nueva orientación está destinada a un público amplio y heterogéneo no especializado ni de perfil educativo o profesional, pero interesado en saber más sobre la lengua que hablamos.

Se trata de libros cuyo objetivo no es resolver dudas puntuales sobre usos lingüísticos, sino exponer datos curiosos o poco conocidos sobre nuestra lengua. Su estilo, en un lenguaje accesible que huye de la terminología técnica y especializada, pretende acercar a todo tipo de lectores el conocimiento de la historia de las palabras o de las normas y recomendaciones establecidas en los grandes códigos, diccionarios, gramáticas, ortografías y otras obras de la Academia.

Santiago Muñoz Machado
Director de la Real Academia Española
Presidente de la Asociación de Academias
de la Lengua Española

El lenguaje es una herramienta que se pone a nuestro alcance desde los primeros días de nuestra existencia y que vamos conociendo y valorando poco a poco. Amplía de forma extraordinaria nuestra capacidad de expresión y de comunicación, allana obstáculos, conquista territorios, se eleva en el aire y en el interior de nosotros mismos, nos permite imaginar, soñar, construir fantasías, inventar tiempos y lugares de los que no hemos oído hablar jamás.

A veces, sin embargo, nos quedamos repentinamente callados, bloqueados, como si todas las palabras hubieran huido de nuestra cabeza. O, frente a una hoja en blanco, ante el requerimiento de escribir algo, solo palpamos un gran vacío. Ocurre en momentos de gran tensión, cuando más necesitamos hablar o escribir, explicarnos. Esos momentos, tan desolados, de ausencia de lenguaje nos remiten, una vez pasados, a la importancia que tiene para el ser humano el poder expresarse con palabras. Palabras habladas y palabras escritas. El ser humano quiere expresarse y comunicarse, aspira a darse a entender, a comprender lo que le dicen, a explicarse a sí mismo y a explicarse a los otros, a todos sus posibles interlocutores.

Sin duda, no son pocos los hablantes que se preguntan de vez en cuando si no deberían tener más conocimientos sobre la lengua, sobre su origen, sobre su extensión, sobre las normas que facilitan una expresión correcta, sobre los diferentes usos de las palabras y los matices que caracterizan la forma de hablar en los lugares donde se practica, y otra gran variedad de datos. Unos conocimientos que les permitieran, en fin, utilizarla con seguridad y con satisfacción.

El interés por la propia lengua es algo casi inherente a la misma. Quien habla siente curiosidad por saber por qué una cosa ha de decirse así y otra asá. En cualquier reunión en la que se hable de las mismas palabras —y es algo que ocurre con mucha frecuencia—, se pone de manifiesto que todo el mundo —algunas veces, sin ser completamente consciente— tiene una opinión sobre los significados y los usos de una u otra palabra. Es una conversación que enseguida se vuelve acalorada.

Recordemos el episodio de la bacía de barbero que don Quijote se empeña en tener por yelmo. Aun cuando Sancho, con su habitual espíritu conciliador, propone una palabra híbrida, *baciyelmo*, la situación, finalmente, desemboca, pasado el tiempo —que no siempre lo cura todo—, en una verdadera batalla campal entre el barbero y muchos de los pobladores de la venta y los defensores del exaltado caballero, a quien le cuesta dar su brazo a torcer y reconocer, en el supuesto yelmo, la realidad implacable de la bacía del barbero. Cuando no se llega a un acuerdo sobre el significado de las palabras, se acude a las manos, a los golpes, a la lluvia de palos. A la violencia.

Más nos vale quedarnos en el territorio de las palabras. Es allí donde puede llegar a darse el entendimiento y, cuando no, el acuerdo, la negociación. Quedarse en el territorio de las palabras no es quedarse en un sitio fijo y limitado. Todo lo contrario. Las palabras traspasan fronteras, vuelan, penetran en las mentes más diversas, trazan nuevos caminos y crean nuevos lazos entre los seres humanos. El lenguaje puede ser nuestro mejor aliado. A veces, presenta dificultades y oquedades, pero se deja moldear, se adapta a nuestros intereses. Su vocación, su razón de ser, es formar parte de nosotros, vivir en nosotros. En esa proximidad, nos sentimos más seguros.

Acceder a una mayor proximidad, a un mayor conocimiento de la lengua, de sus curiosidades grandes y pequeñas, de su historia y sus tensiones actuales, y de muchas otras cuestiones íntimamente relacionadas con el lenguaje, es el propósito de la colección que la Real Academia Española y la Asociación de Academias de la Lengua Española, en colaboración con Penguin Random House Grupo Editorial, han proyectado y que se inaugura con este primer volumen, dedicado a los asuntos más básicos, los que, al día de hoy, resultan más visibles.

La colección responde a uno de los objetivos primordiales de las Academias, y sigue la dirección marcada por el *Tesoro de la lengua*, de Sebastián de Covarrubias, que ve la luz en 1640, casi un siglo antes de la fundación de la Academia (en 1713). En las páginas preliminares se incluye un texto dirigido expresamente «Al lector», donde se nos recuerda la importancia de dar nombre a las cosas, tal como queda recogido en el Génesis: «la comunicación entre ellos (Adán y Eva), de ahí en adelante, fue mediante el lenguaje, no adquirido ni inventado por ellos, sino infundido por el Señor, y con tanta propiedad, que los nombres que Adán puso a los animales terrestres, y a las aves, fueron los que competían, porque conociendo sus calidades y propiedades, le dio a cada uno lo que esencialmente le convenía». El párrafo transmite una concepción del lenguaje que, evidentemente, ha quedado anclada en el pasado, en el contexto de la interpretación religiosa bíblica. Pero lo que, más allá de eso, queremos subrayar es que la primera cosa que hace Adán es poner nombre a los animales. Así es como los seres humanos se van a distinguir de los animales y del resto de los seres vivos. Son ellos quienes nombran, quienes pretenden tener el control sobre el mundo. El lenguaje es concebido, ya en la Biblia, como la gran creación humana.

El *Diccionario de autoridades* (1726-1739), proyecto fundamental de la RAE, responde a esta visión de la lengua como parte esencial del ser humano y ofrece de forma sistemática y minuciosa un amplio catálogo de voces que no solo tienen como referencia principal la lengua de las *Autoridades*, sino que, en parte, proceden de vulgarismos, usos y dichos populares. En el prólogo, se hace un resumen de su objetivo: «Faltándole a la Lengua Española el suyo, ha sido el principal empeño de la Academia, sin que sea su fin enmendar ni corregir la Lengua, sí solo explicar las voces, frases y locuciones y dar a conocer los abusos introducidos [...] y calificar la energía y elegancia de la Lengua, así para uso de los extranjeros como para curiosidad de la Nación, y sobre todo para su mayor aplauso y gloria, porque es vanidad de todas hacer pública la vivacidad y pureza de su Lengua».

Cuando la Academia, en paralelo a la continua revisión del diccionario, se plantea la realización de manuales específicos sobre la ortografía y la gramática, es muy consciente del público al que se dirige. Se trata de recoger el espíritu de los sabios y de instruir a todos los hablantes. En la primera *Ortografía* que ve la luz (1741), expone al rey, a quien dedica el libro: «que en sus obras procura el beneficio público, creyendo sea este el mérito que más la distinga, y ayude a conseguir que la alta dignación que V. M. haga aceptable esta obra, en que solo desea la Academia el mayor lustre de la Nación Española».

En la dedicatoria al rey que figura en la *Gramática* (1771), manifiesta: «La Academia solo pretende en esta Gramática instruir a nuestra Juventud en los principios de su lengua, para que hablándola con propiedad y corrección, se prepare a usarla con dignidad y elocuencia». Queda así, perfectamente clara, la vocación didáctica de la institución.

Estos son los propósitos de las publicaciones que ha ido llevando a cabo la Academia a lo largo de su historia. A ellas se suma ahora este nuevo proyecto, de vocación eminentemente divulgativa, cuyo primer volumen ponemos ahora en las manos del lector. En él encontrará datos que, en algunos casos, le resultarán conocidos o simplemente familiares y otros que ignoraba. Hallará también curiosidades que se refieren a la gramática y a la ortografía, excepciones a la regla y casos raros. Y también, diferentes modalidades de la lengua, asunto que ha ido incrementando su importancia.

Covarrubias ya había observado que la lengua castellana «está mezclada de muchas». En el «Discurso proemial sobre el origen de la lengua» del *Diccionario de autoridades,* se manifiesta que «Todo este agregado, o cúmulo de Voces, en lo que constituye y forma la Lengua Castellana: así como un montón de trigo, aunque se le hayan mezclado otros granos o semillas, como cebada, centeno y otras especies diferentes, como la mayor y principal parte es trigo, todo se dice él montón de trigo».

El criterio que el *Diccionario* siguió para registrar las voces fue calificar la voz y mostrar los méritos de su juicio, procediendo con moderación: «En este propio asunto ha usado la Academia de la mayor modestia, porque a todas las voces expresivas, y propiamente las castellanas, no las añade calificación, teniendo por inútil la sentencia, por estar comprobadas con el mismo hecho de ser usadas por nuestros Autores, y solo da censura a las que por anticuadas, nuevas, superfluas o bárbaras las necesitan».

Recordemos, finalmente, que, como se observa en el prólogo del primer diccionario de nuestra lengua, que empieza a publicarse casi un siglo después de la primera recopilación de la lengua castellana, el *Tesoro* de Covarrubias: «una obra tan grande como la del Diccionario no puede salir de una vez con la perfección que debe [...] ningún Vocabulario ni Diccionario salió de la primera edición tan perfecto que no haya sido preciso corregirle y enmendarle en las siguientes impresiones».

Al hablar, al expresar o poner por escrito pensamientos, emociones, ilusiones y sueños, somos nosotros, los usuarios de la lengua, la razón de ser de los diccionarios, de los manuales que se refieren a ella y de estos textos de vocación divulgativa dirigidos al amplio público lector, que responden a uno de los objetivos primordiales de las Academias.

SOLEDAD PUÉRTOLAS
Real Academia Española

COSAS
DEL
ESPAÑOL

UNA LENGUA CON DOS NOMBRES

En el año 1611 vio la luz el primer gran diccionario monolingüe de nuestra lengua, obra del lexicógrafo y canónigo de la catedral de Cuenca Sebastián de Covarrubias, que lo denominó *Tesoro de la lengua castellana o española*. El título resulta significativo, pues deja clara una realidad, ya patente en tiempos de los Reyes Católicos, la identificación de los términos *español* y *castellano* para designar el idioma «nacional». Sin embargo, la controversia ocupa de cuando en cuando las páginas de los medios de comunicación.

La realidad es que, a partir de cierto momento entre los siglos XV y XVI, el castellano comienza a utilizarse como lengua franca en toda España, una vez que salta desde su foco original, las ciudades con mayor potencia demográfica de Castilla —Burgos, Valladolid, Toledo, Salamanca, Córdoba o Sevilla—, hacia otros núcleos urbanos de Aragón, Levante, Navarra, Galicia o Cataluña, con los que existen relaciones comerciales cada vez más fluidas. Fruto del contacto con las gentes de estas regiones, se van incorporando a la lengua diversos elementos hasta llegar a configurar una herramienta de comunicación en el ámbito comercial, la administración de justicia, el funcionamiento de las instituciones locales y la vida cotidiana en general. A este vehículo de expresión cada vez más extendido se le empieza a llamar *español*, al tiempo que conserva su denominación de *castellano*. Ambas voces se alternan en pacífica coexistencia.

Hoy en día, se utilizan los dos vocablos para designar la lengua común de España y de gran parte de los países de América. El término *español* es el empleado internacionalmente en referencia al idioma que hablan alrededor de quinientos millones de individuos. Se reserva el término *castellano* para aludir al dialecto románico nacido en el reino de Castilla en época medieval, o bien al dialecto del español que hoy se habla en dicha región.

Tras los procesos de independencia de las nuevas repúblicas americanas, los recién nacidos países se inclinaron por el término *castellano*. En la actualidad, las preferencias están repartidas: más o menos la mitad de las constituciones de los Estados hispanohablantes de América utilizan la forma *castellano* y el resto opta por *español*. Asimismo, y puesto que en España existe una situación de cooficialidad entre lenguas en determinados territorios, no es de extrañar que gallegos, vascos y catalanes se hayan inclinado tradicionalmente por la denominación *castellano*. Tampoco puede extrañar que gentes de fuera de Castilla que agregaron a esta lengua particularidades idiomáticas que la transformaron, enriqueciéndola, hayan optado por la palabra *español*. Es preferible alejar la discusión de una cuestión tan secundaria y no perder de vista que, como ya apuntara el ilustre capellán de Felipe II, nuestra lengua, castellano o español, es un «tesoro» que compartimos millones de hablantes.

POR LOS CINCO CONTINENTES

Como confirman los últimos datos del anuario del Instituto Cervantes (*El español en el mundo 2020*), nuestro idioma goza de indiscutible vitalidad: ya somos casi cuatrocientos ochenta y nueve millones de seres humanos los que tenemos el español como lengua materna. Solo el chino mandarín nos supera, con novecientos cincuenta millones de nativos, aproximadamente. Por lo que respecta al número de usuarios potenciales —que incluye también a los hablantes bilingües, a quienes presentan un dominio más limitado de la lengua y a todos cuantos están aprendiendo el español como lengua extranjera—, en 2020 era de alrededor de quinientos ochenta y cinco millones (el tercero, tras el inglés y el chino). En los últimos años, ha crecido de forma considerable el aprendizaje del español como lengua extranjera (existen hoy más de veintidós millones de estudiantes), especialmente en Estados Unidos, Brasil y algunos países de la Unión Europea.

El número de Estados en los que el español es oficial o cooficial asciende a veintiuno (contando Puerto Rico). Lógicamente, el mayor número de hispanohablantes se distribuye entre España y América, pero no hay que olvidar que el español se ha extendido por los cuatro puntos cardinales y se habla en todos los continentes. En África, donde también tiene alguna presencia en áreas de Marruecos y el Sahara Occidental, es oficial en Guinea Ecuatorial, junto con el francés y el portugués. Por lo que respecta al continente asiático, y dejando de lado el hecho singular del judeoespañol, es revelador el caso de Filipinas, donde el español dejó de ser oficial en 1973. Su uso es hoy muy minoritario, pero el rastro de su léxico está aún muy presente en el chabacano, criollo que hablan alrededor de medio millón de personas. Mención especial merece el caso de la isla de Guam, en el archipiélago de las Marianas, en Oceanía, un territorio no incorporado de Estados Unidos —con una situación parecida en algunos aspectos a la de Puerto Rico—, que hasta 1898 formó parte de la Capitanía General de Filipinas: junto con el inglés, el chamorro, otro híbrido que presenta influencias léxicas y gramaticales del español, es lengua oficial. En América hallamos pocas sorpresas. Cuba es el país con mayor porcentaje de hablantes nativos (99,8 %). En el otro extremo se sitúa Paraguay (68,2 %), donde el español convive con el guaraní.

Pero medir el grado de influencia de una lengua en el mundo no solo requiere atender a su extensión geográfica, sino también a su relevancia en términos económicos o como herramienta de transmisión de conocimientos, o a su fortaleza como lengua de la diplomacia. Tomando en cuenta estas variables, el español se sitúa en cuarto lugar, tras el inglés, el chino y el francés.

En la actualidad existe, además, un indicador fundamental para comprobar el potencial de una lengua: el factor tecnológico, que nos muestra que un 7,9 % de usuarios utiliza el español para sus comunicaciones en la red. Es la tercera lengua más usada, tras el inglés y el chino. Hay que destacar que el único país hispanohablante que figura entre los diez con mayor número de internautas es México. Como elemento negativo, se constata la escasa visibilidad de contenidos técnicos y científicos, a pesar de ser, tras el inglés, la lengua con mayor volumen de publicaciones. La otra cara de la moneda la encontramos en la actividad editorial, muy intensa en español, como la producción cinematográfica. Entre los principales productores de libros, hay dos países hispanoparlantes: España y Argentina, a los que se suma México, en el caso del cine.

Es una realidad compleja, con sus luces y sus sombras. El verdadero reto para el progreso del español es expandirse más allá de su ámbito nativo y prosperar como lengua internacional y de transmisión de conocimiento.

CURIOSIDADES MUY BÁSICAS

Posiblemente, si nos preguntaran cuál es la letra del abecedario que más utilizamos, nos inclinaríamos, de manera intuitiva, por la *a*. Los aficionados a los crucigramas y a pasatiempos semejantes, muy acostumbrados a jugar con las palabras, quizá podrían desmentirlo, ya que en realidad la letra más popular del vocabulario español es la *e*. A continuación, efectivamente, estaría la *a* y, en tercera posición, otra vocal: la *o*. Después, la *s* y, en quinto lugar, la *r*. En el extremo opuesto, la *x*, la *k* y la *w* son las letras menos frecuentes en el habla coloquial. Según algunos estudios, alrededor de un 45 % de las letras de un texto en castellano son vocales. En el *Quijote* la más abundante es la *e*, y en *La Regenta*, la *a*.

En la edición de 2014, conmemorativa del tercer centenario de la Real Academia, el *Diccionario de la lengua española* da entrada a 93 111 palabras (4680 más que en la edición anterior), que incluyen un total de 195 439 acepciones. Por lo que respecta a voces exclusivas del continente americano o del ámbito hispano de Estados Unidos, el diccionario recoge 19 000. Se han ido incorporando, desde su aparición, nuevas entradas y acepciones en la versión en línea.

En las páginas del diccionario abundan las voces que contienen todas las vocales y a menudo sin repeticiones: *murciélago, auténtico, estimulador*... Más difícil es hallar una palabra que necesite tan pocas consonantes para acompañarlas como *euforia*, y resulta imposible dar con una voz en la que todas las letras figuren en orden alfabético. Sí aparecen en orden alfabético las letras *s, t, u* y *v* en la primera persona del pretérito perfecto simple del verbo *estar*, *estuve*.

Si continuamos jugando con la lengua, encontraremos no pocas curiosidades, hallazgos originales como el término *oía*, única forma con tres letras y tres sílabas, o *ferrocarrilero*, que reúne cinco erres. Auténticos tréboles de cuatro hojas en el diccionario son los palíndromos —*reconocer, anilina*—, palabras que pueden leerse de izquierda a derecha o de derecha a izquierda.

Las denominadas palabras comodín son aquellas que se emplean con múltiples sentidos para sustituir a otras que, en esos mismos contextos, serían más precisas. Dos de ellas son muy habituales: el verbo *realizar* y el sustantivo común *cosa*, términos que cabría calificar como los más «pluriempleados» del idioma español.

Por lo que respecta a la palabra más larga de nuestro diccionario, las veintitrés letras de *electroencefalografista* sitúan el término a la cabeza de la clasificación, aunque no tiene mucho mérito, ya que, como es habitual en los vocablos más largos, se ha formado por parasíntesis (composición y derivación). Si profundizamos en el léxico científico, las posibilidades se multiplican, y no digamos si recurrimos al uso de prefijos y sufijos. Más modestamente, reseñamos una palabra de extensión nada desdeñable que, aunque derivada, reúne las cinco vocales y, además, no repite ninguna de sus letras: *calumbriento*. Según nos informa el diccionario, es una voz desusada para decir 'mohoso'. La que no lo es, desde luego, es *mano*, que tiene 36 acepciones como voz simple (bastantes más, 64, tiene *pasar*) y entra a formar parte, nada más ni nada menos, que de 293 formas complejas.

EL MITO DEL ESPAÑOL MÁS PURO

Desde que Alfonso VI arrebatara Toledo a los musulmanes en 1085 y, sobre todo, a partir del establecimiento en ella de la corte de Alfonso X el Sabio, ya en el siglo XIII, el castellano toledano se afianzó. Toledo experimentó un gran florecimiento cultural y el castellano que allí se hablaba se convirtió en modelo de lengua durante los siglos posteriores. Toledo era la urbe capital del reino —en el siglo VI lo fue del reino visigodo—, sede eclesiástica y lugar de reunión de eruditos y cortesanos cuya forma de expresión se pretendía imitar. La ciudad fue además punto de encuentro de individuos de comunidades diversas —mudéjares, mozárabes, judíos, castellanos del norte cristiano, pero también franceses— que habían acudido a la llamada de la repoblación. El resultado fue un modo de hablar castellano con innovaciones que fueron bien acogidas y elementos diferenciadores que aseguraban su superioridad. Así lo expresaba en 1534 el escritor renacentista Francisco Delicado: «más presto se debe escuchar el hablar de un rudo toledano [...] que no al gallego letrado ni al polido cordobés».

El fenómeno anticipó lo que sucedería en tiempos de Felipe II, cuando la villa de Madrid se convirtió en corte

(1561) y, en consecuencia, en lugar de reunión de gentes de diversas procedencias —de las dos Castillas y el norte peninsular especialmente— que acudían a la capital en busca de oportunidades y aportaban a los modos expresivos las particularidades de sus hablas. Así, la antigua reputación lingüística de Toledo pasó a Madrid, y el castellano madrileño, asumidos ya determinados rasgos fónicos de los citados grupos de población, fue el nuevo modelo de buen castellano. Todo lo que emanaba de la corte, usos, modas y formas de hablar, tendía a convertirse en canon.

A estos modelos de castellano se oponía de forma muy particular el habla de Sevilla y, en general, de Andalucía, que incluye entre sus rasgos más destacados el seseo que acabaría exportándose al Nuevo Mundo. Incluso un erudito como Nebrija, autor de la primera gramática del castellano y referencia del humanismo español, habría de sufrir la crítica de sus contemporáneos por su condición de andaluz. Juan de Valdés, en su *Diálogo de la lengua,* observaba con menosprecio: «aunque Librija era muy docto en la lengua latina, que esto nadie se lo puede quitar, al fin no se puede negar que él era andaluz, y no castellano, y que escribió aquel su *Vocabulario* con tan poco cuidado que parece haberlo escrito por burla». Y añadía que o «no entendía la verdadera significación del latín (y esta es la [cosa] que yo menos creo) o [...] no alcanzaba la [verdadera significación] del castellano, y esta podría ser, porque él era de Andalucía, donde la lengua no está muy pura».

En la actualidad, todas las variedades geográficas del español se consideran igualmente válidas, pero viejos prejuicios e inercias siguen tentando a algunos a establecer diferencias que carecen de todo sentido. Circula todavía la idea de que el mejor castellano es el que se habla en Valladolid, tradición que podría haberse derivado de cierta alusión de una escritora francesa del siglo XVII, madame D'Aulnoy, cuya presencia en la península ibérica, a pesar de ser autora de la *Relation du voyage d'Espagne*, escrita en 1679, ni siquiera puede afirmarse con total certeza. En América, sin embargo, se considera que el mejor español es el que se habla en Colombia.

¡LO QUE HAY QUE OÍR!

En un mundo globalizado como es el nuestro, a nadie sorprende la velocidad de difusión de ciertos bulos, también de aquellos que atañen a la lengua. Uno de los más recurrentes asegura que la Real Academia Española ha aceptado en su diccionario términos como *almóndiga* o *cocreta*. «¡Hasta dónde vamos a llegar!», se oye. Por aclarar las cosas: el vulgarismo *cocreta* nunca ha figurado en este repertorio —basta consultar la obra para comprobarlo—. El caso de *almóndiga* es distinto. Conviene saber que el término fue recogido en el *Diccionario de autoridades* (1726). Se trataba, por entonces, de un vocablo correcto. Hoy está en desuso en la lengua culta (como deja ver la abreviatura *desus.*, 'desusado') y se considera vulgar, tal y como se indica en la entrada con la abreviatura correspondiente (*u. c. vulg.*, 'usado como vulgar').

Muchos de estos bulos se deben al desconocimiento o a la tradición. Un buen ejemplo de ello sería el que se refiere a las tildes de las mayúsculas. Nuestros abuelos no tildaban las mayúsculas, pero la Academia nunca dictó normas ortográficas específicas diferentes de las dedicadas a las minúsculas. Aquello tenía su razón de ser: la dificultad técnica de incorporar la pequeña rayita oblicua del acento en las viejas imprentas y en los teclados de las primeras máquinas de escribir. Hoy en día, tal ausencia carece de justificación.

También está muy extendida la condena sistemática de toda redundancia —de lo que se hablará más adelante— o de la presencia de dos preposiciones contiguas. Muchas personas creen cualquier secuencia de preposiciones incorrecta: *Sentí dolor* desde por *la mañana*, *Surgió* de entre *la maleza*. Sin embargo, en numerosos contextos, dichas formas son plenamente correctas. Y, pese a que no es usual, pueden coincidir con cierta naturalidad tres preposiciones: *Además* de para con *nosotros, fue muy amable para con el resto de invitados*.

Otra creencia falsa es la que afirma que las palabras que no figuran en el diccionario no existen. Solo se incluyen las palabras más habituales, las que han pasado a la lengua común. Hay otras muchas, por supuesto. En el caso de las derivadas y compuestas, el diccionario ofrece los instrumentos para crearlas siguiendo las reglas generales del español: adición de prefijos, sufijos y elementos compositivos.

DE AYER A HOY:
EL ESPAÑOL
A LO LARGO
DE LA HISTORIA

¡SALVEMOS EL LATÍN!

En algún momento entre los siglos IV y VI, un autor desconocido, preocupado por la decadencia que estaba sufriendo el latín, se tomó el trabajo de registrar una larga lista de voces mal utilizadas, al lado de las cuales anotó su forma correcta. Esta relación de «malos usos» latinos ha pasado a la historia como *Appendix Probi* [Apéndice de Probo], en alusión al gramático latino al que se debe la obra en la que habría aparecido como añadido.

Esta recopilación de incorrecciones, con independencia de quién fuera su autor, procedente de la población italiana de Bobbio, y seguramente realizada con la intención de servir a quienes tuvieran como exigencia de su oficio la escritura, constituye un documento de extraordinario valor. Muestra la situación del latín vulgar en una época en que caminaba ya hacia su disolución. Los errores que con tanto afán registró este misterioso autor iban a adquirir, con el tiempo, la categoría de norma.

«*Tabula* non *tabla*», corregía el escriba purista, o «*speculum* non *speclum*». Pero la realidad era que algunas vocales situadas tras la sílaba que lleva el acento se estaban perdiendo. Cualquier hablante reconocerá esa *tabla* que se rechaza, y *speclum* (tras la conversión del grupo consonántico *cl* en *j*) acabaría dando origen en castellano a *espejo*. «*Vinea* non *vinia*», añadía. Sin embargo, ese *vinia* seguiría evolucionando hasta acabar en *viña* (del mismo modo que *Hispania* se convirtió en *España*).

Los caminos de la lengua no son del todo insondables, aunque, en lo que respecta al proceso de oficializar determinadas voces y expresiones, suelen ser lentos. Lo que hoy calificamos de anatema porque atenta contra nuestro hábito o el de nuestros mayores puede ser una novedad que con el tiempo adquiriese condición de norma. A pesar de las críticas que suscitó en su momento, nadie —o casi nadie— se atrevería a censurar hoy el uso de *nominar* como 'proponer a alguien para un premio', tomado del inglés en época reciente, en vez de con el significado etimológico latino de 'dar nombre, nombrar', el tradicional en español. Nadie discute tampoco la pronunciación antietimológica [élite] (en francés *élite* se pronuncia [elít]), adoptada por error al interpretar a la española la tilde de la voz francesa. Es cierto que la Real Academia la incluyó inicialmente sin tilde, en 1984, como voz llana, y rechazó su uso como esdrújula. El error es consustancial a la evolución de las lenguas. Si sus coetáneos hubieran hecho caso al autor del *Appendix Probi*, el castellano no existiría. Tampoco el resto de las lenguas romances.

PRIMEROS TEXTOS DEL ESPAÑOL

La tradición ha considerado La Rioja, en concreto el monasterio de San Millán de la Cogolla, como la cuna del español. Allí apareció el Códice 60, obra miscelánea redactada en latín que contiene diversas piezas litúrgicas y que se conserva en la actualidad en la Real Academia de la Historia. Su valor reside en las anotaciones en lengua romance —y también en euskera— escritas en el margen o en el interlineado por un copista, y destinadas a facilitar la comprensión del texto. Son las llamadas Glosas Emilianenses, que se han datado entre los siglos X y XI, y que han sido consideradas desde tiempos de Menéndez Pidal como el primer texto castellano.

Sin embargo, las cosas no son exactamente así. En la segunda mitad del siglo X, el hermano Jimeno, despensero del monasterio de la Rozuela, hoy desaparecido, perteneciente al municipio de Chozas de Abajo, en León, escribió en el dorso del documento de una donación un inventario de quesos, detallando el consumo llevado a cabo por la comunidad. El texto, muy breve, se conoce como *Nodicia de kesos* y se guarda en el archivo de la catedral de León. Se ha dicho repetidamente que está escrito en leonés, pero por entonces no puede hablarse de este dialecto, sino de una variedad protorromance todavía indiferenciada, que presenta características comunes con el posterior dialecto leonés, aunque también con el castellano.

A la misma época pertenece la documentación más antigua del monasterio burgalés de Valpuesta, situado a los pies de la sierra de Árcena, muy cerca ya de Álava, en plena zona castellana. Se trata de los becerros Gótico y Galicano (los becerros son libros de iglesias y monasterios donde se copiaban los privilegios y las escrituras de sus pertenencias), llamados así por el tipo de letra (gótica uno, galicana o carolina otro) en que están escritos. Los becerros o cartularios de Valpuesta —sobre todo donaciones y pagos de servicios funerarios— están redactados en un latín tan corrompido que deja ya entrever la existencia de una nueva lengua.

La cuestión no es sencilla. No hay una frontera precisa entre el latín vulgar y el romance. Se trata de un proceso, de un continuo. Cualquier intento de fijar el nacimiento del castellano u otras lenguas románicas en un momento concreto resulta arbitrario, lo que también afecta a los textos. Sin embargo, la acumulación de documentos de una misma época en lugares diversos sí constituye un dato muy significativo.

PRIMERAS OBRAS LITERARIAS

El paso de las primeras manifestaciones escritas, meramente utilitarias, a la literatura supone un decisivo salto cualitativo en el desarrollo histórico de una lengua. Entre las primeras formas literarias en lengua romance —no propiamente castellano—, ocupan un lugar sobresaliente las jarchas, que son anteriores a las composiciones provenzales, y cuyo origen se remonta al siglo XI. Se trata de pequeñas cancioncillas de tema amoroso, semejantes a los villancicos, que se incluían al final de poemas árabes o hebreos de mayor entidad, las moaxajas. Las jarchas, que algunos estudios sitúan a finales del siglo IX y comienzos del X, estaban compuestas en mozárabe, lengua romance que incorpora léxico árabe —en tanto que habla usual entre los cristianos y musulmanes de la España islámica—, pero se escribían con caracteres árabes o hebreos (aljamía). Tal amalgama es fiel reflejo de la convivencia de las tres culturas existente en al-Ándalus, heredada más adelante por la corte del rey sabio en Toledo.

Para encontrar los primeros textos literarios en castellano hay que esperar hasta avanzado el siglo XII, centuria en la que se datan el *Auto de los Reyes Magos* y el *Cantar de Mio Cid*, obras anónimas en verso. La primera, de origen toledano, es la más antigua pieza teatral española conservada, en tanto que el poema épico inspirado en las hazañas de Rodrigo Díaz de Vivar —que se ha atribuido a Per Abbat, quien probablemente fue su copista— es el mejor exponente del mester de juglaría y se considera la primera gran obra literaria española en lengua vulgar. El poema está escrito en versos de métrica irregular y rima asonante, y concebido para ser recitado o cantado por los juglares, poetas ambulantes que actuaban para el pueblo llano y en ambientes nobles.

La obra del monje riojano Gonzalo de Berceo permite constatar el uso literario de la lengua romance en la primera mitad del siglo XIII, en el momento inmediatamente anterior al intento alfonsí de regularizar el castellano. Berceo, el primer poeta castellano de nombre conocido, compuso, entre otras, la *Vida de san Millán de la Cogolla*, los *Milagros de Nuestra Señora* y la *Vida de santo Domingo de Silos*. Fue representante del denominado mester de clerecía, en el que se incluyen asimismo otros tres textos del mismo siglo —el *Libro de Alexandre*, el *Libro de Apolonio* y el *Poema de Fernán González*—, uno de cuyos rasgos distintivos fue la inclusión de latinismos en sus composiciones. En este aspecto, se diferenciaron de modo explícito de los juglares, a quienes no dudaron en criticar, tal como se expresa en una de las estrofas más reproducidas del citado *Libro de Alexandre*: «Mester traigo fermoso, non es de juglaría, / mester es sin pecado, ca es de clerecía, / fablar curso rimado por la cuaderna vía, / a sílabas cuntadas, ca es grant maestría».

UN REY MUY SABIO

Desde mediados del siglo XII, Castilla fue consolidándose como el reino cristiano más extenso y con mayor potencial económico y demográfico en el territorio peninsular. En la siguiente centuria, y bajo el poder de Fernando III el Santo, se incorporaron a su corona los reinos de Galicia y León. En paralelo, el castellano se fue imponiendo entre las restantes variedades romances: la catalana, la navarroaragonesa, la asturleonesa y la galaicoportuguesa. La prosperidad económica, vinculada al impulso ganadero y las actividades derivadas de la industria de la lana, se afianzó durante el reinado del hijo del rey santo, Alfonso X el Sabio (1252-1284), «rey de Castiella, de Toledo, de León, de Gallizia, de Sevilla, de Córdova, de Murcia, de Jaén e dell Algarbe». A medida que los cristianos avanzaban en el proceso de reconquista y repoblación frente al islam, se extendía la red de tránsito de mercancías y personas, lo que favoreció el intercambio de formas de expresión características de distintas regiones, que fueron enriqueciendo el castellano.

Por lo que respecta a la lengua escrita, durante esta etapa bajomedieval, fue abandonando el ámbito de los monasterios, donde había nacido, a medida que la identidad política del reino de Castilla se fortalecía y, con ella, se afianzaba el desarrollo de la Cancillería Real, que tenía por objeto la redacción de documentos de índole jurídica y de toda clase de textos necesarios para el ejercicio del poder. Si ya el padre de Alfonso X fomentó el uso del castellano en dicho organismo frente al latín y el leonés, el rey Sabio lo institucionalizó.

El castellano se convirtió en lengua de la corte regia, es decir, en lengua «oficial», y gracias a la actividad intelectual impulsada por un monarca con una inagotable sed de conocimiento, terminó siendo lengua de cultura. Del *scriptorium* alfonsí y por iniciativa directa del soberano, salieron manuscritos redactados en lengua vulgar, compilaciones y traducciones del latín, el hebreo y el árabe, que pueden encuadrarse en tres áreas de conocimiento principales: la ciencia (*Tablas alfonsíes*, *Libro del saber de astrología*), la historia (*Estoria de España*, la *General estoria*) y el derecho (el Fuero Real, las Siete Partidas). Al margen de estas grandes áreas de interés, el monarca mandó redactar otra serie de obras de ámbito cortesano, entre las que destaca el *Libro de acedrex, dados e tablas*. Toda esta actividad enriqueció de manera notable el léxico castellano y permitió consolidar el sistema ortográfico medieval, también llamado «ortografía alfonsí».

El proyecto de Alfonso X el Sabio fue la iniciativa más ambiciosa de renovación cultural en lengua vulgar de toda nuestra Edad Media. La vocación divulgativa del monarca, su voluntad de llegar a un amplio sector de la población, se expresa claramente al comienzo de las Partidas: «Complidas dezimos que deven seer las leyes, e muy cuydadas e muy catadas por que sean derechas e provechosas comunalmientre a todos, e deven seer llanas e paladinas por que todo omne las pueda entender e aprovecharse d'ellas a su derecho».

POR LA GRACIA
DE GUTENBERG

La utilización de tipos móviles para la impresión de libros ya era conocida en Oriente, pero fue en la Europa de mediados del siglo xv, en la ciudad alemana de Maguncia, donde esta técnica se perfeccionó gracias a la figura de Johannes Gutenberg. El padre de la imprenta murió arruinado, pero su invento fue aplicado de forma generalizada, permitiendo que la producción editorial, hasta entonces destinada a una minoría, abaratara sus costes y tiempos de impresión, de modo que los libros comenzaron a ser accesibles para un mayor número de lectores.

Pese a que en las universidades y en las bibliotecas de eruditos y humanistas españoles los manuscritos convivieron desde mediados del siglo xv con los libros impresos —llamados «de molde»—, el establecimiento de la primera imprenta en España no tuvo lugar hasta algunos años después. El acontecimiento se documenta en Segovia, y estuvo motivado por el deseo del obispo de la ciudad, Juan Arias Dávila, de proporcionar textos a los alumnos que acudían al Estudio General para formarse como clérigos. Fue en el transcurso de una estancia en Roma, convertida ya por entonces en destacado centro de la actividad editorial, cuando el prelado consideró la conveniencia de instalar un taller de impresión en su ciudad.

El obispo humanista entabló contacto con uno de los impresores que se habían asentado en la urbe papal, el alemán Johannes Parix, conocedor de la técnica y del proceso de edición en su conjunto, y lo invitó a trasladarse a la ciudad castellana con el encargo de poner en marcha su taller. Por entonces, el oficio de impresor era en buena medida itinerante, y quienes lo desempeñaban prestaban sus servicios a requerimiento de sus clientes, desplazándose de un lado a otro en función de las oportunidades de trabajo. En 1472 salía de la imprenta segoviana de Parix el primer libro impreso en castellano: el *Sinodal de Aguilafuente*, que reunía las actas del sínodo convocado por Arias Dávila ese mismo año en dicha población segoviana.

Barcelona, Sevilla, Salamanca, Burgos, Zamora, Valencia y Zaragoza contaron enseguida con sus propios talleres. A finales del siglo xv había en España cerca de una treintena de imprentas. El predominio del tema religioso es evidente en esta primera etapa, en la que se imprimió una gran cantidad de bulas y misales. También vio la luz un buen número de gramáticas y diccionarios latinos. A pesar de lo cual, llama la atención la preferencia por las lenguas vernáculas frente al latín.

A mediados del siglo xvi, en 1539, Juan Pablos, oficial del impresor sevillano Juan Cromberger, instaló en México el primer taller de América. La producción inicial fue de contenido religioso, y respondía a la vocación evangelizadora de las autoridades coloniales. Parece que el primer libro impreso en el continente fue la traducción del latín al castellano que hizo un fraile dominico, Juan de Estrada de la Magdalena, de la *Escala* de san Juan Clímaco. El invento más extraordinario de la Edad Moderna cruzaba así el océano: Gutenberg había desembarcado en el Nuevo Mundo.

NEBRIJA

La localidad sevillana de Lebrija vio nacer a uno de los principales representantes del humanismo español, Antonio Martínez de Cala, en 1444. Nebrija se formó en la universidad salmantina, pasó a Italia becado para estudiar Teología en Bolonia y, ya de regreso en España, en 1470, fue requerido por Alonso de Fonseca, arzobispo de Sevilla, ciudad en la que permaneció tres años estudiando la lengua latina y preparándose para la enseñanza. Enseguida comenzaría su etapa docente en las aulas de Salamanca, convertido ya en Elio Antonio de Nebrija, con el nombre latino antepuesto e incorporado como apellido el de su lugar de nacimiento, previamente latinizado.

Nebrija centró su actividad intelectual en el ámbito filológico y se aplicó a la tarea de fijar el latín como referente lingüístico. Al mismo tiempo, y alejándose de las pautas de la escolástica, fomentó como vía de transmisión de conocimiento la lengua vulgar. Entre 1492 y 1495 dio a la imprenta un *Vocabulario latino-español* y un *Vocabulario español-latino*. En el mismo año en que la primera expedición de Colón llegó a América, aparece su gran obra, *Gramática sobre la lengua castellana*, la primera en lengua romance, que sirvió de modelo a las producciones posteriores. La

Gramática se compone de cinco libros: el primero, dedicado a la ortografía, el segundo a la prosodia, el tercero, a la etimología, el cuarto, a la sintaxis, y el quinto, a las «introducciones de la lengua castellana para los que de extraña lengua querrán aprender». Nebrija, que dedicó su gramática a Isabel la Católica, considera la lengua castellana «compañera del Imperio» y «al servicio de la unidad de la nación». Ambas premisas se expresan en el prólogo, en el que, además, el autor afirma su voluntad de establecer el modelo lingüístico para evitar posibles modificaciones que redundaran en perjuicio de la citada unidad. Esta concepción del castellano como vehículo unificador favoreció que las obras de Nebrija sirvieran de pauta para posteriores gramáticas y vocabularios de las lenguas nativas en América y Filipinas.

Con Antonio de Nebrija, el estudio del español alcanzó cotas desconocidas hasta el momento. El uso de la lengua iría extendiéndose poco a poco en todos los órdenes de la vida, en la enseñanza de la religión por medio de los sermones o en la divulgación de la literatura popular, con la lectura en voz alta, y en la transmisión del saber científico a través de traducciones.

Nebrija falleció en 1522 en Alcalá de Henares, a cuya universidad se había trasladado a instancias del cardenal Cisneros a comienzos de la centuria. Allí había participado en la edición de la *Biblia políglota complutense*, había enseñado Retórica y publicado, en 1517, unas *Reglas de orthographia en la lengua castellana*.

Nebrija mostró siempre un gran amor por su patria chica. No solo tomó de ella su nombre, sino que le dedicó su composición «Salve, parva domus», que imprimía al inicio de sus *Introductiones latinae*, concebidas en origen como manual de enseñanza para sus alumnos.

UN ACENTO ESPECIAL

El español que acabó imponiéndose en la mayor parte del Nuevo Mundo debe mucho a la variedad andaluza y, en particular, a la sevillana. Sevilla —por entonces la ciudad española más poblada— fue la capital del comercio español con las Indias entre los siglos XVI y XVIII. En Sevilla se encontraban la Casa de Contratación, encargada, en régimen de monopolio, del control y la gestión del ingente flujo mercantil entre España y América. Y, aunque en la colonización de América intervinieron gentes de distintas regiones españolas, muchos de los soldados y colonos —y también la mayor parte de las tripulaciones— procedían de Andalucía (más del 35 % en el siglo XVI, según algunos estudios) y llevaron consigo su habla.

De hecho, en el español de América existen rasgos comunes, sobre todo fonéticos, que pueden achacarse a la impronta de la variante meridional del español peninsular. Los más significativos son la aspiración de /j/ (que se pronuncia como hache aspirada) y, sobre todo, la falta de distinción entre /s/ y /z/. En la pronunciación, muy mayoritariamente seseante, no se establece diferencia, por ejemplo, entre *losa* y *loza*, ni entre *sima* y *cima*. Igual, por tanto, que en el español de Andalucía y Canarias (fueron

47

asimismo andaluces occidentales los que colonizaron en gran parte las islas Afortunadas, que, a finales del siglo xv, quedaron incorporadas a la corona de Castilla de manera definitiva).

Es también elocuente como rasgo morfosintáctico el uso de *ustedes* como forma única para el plural de la segunda persona: *¿Ustedes vienen?* En la mayor parte de España, se emplea *vosotros* como forma de confianza y se reserva *ustedes* para el trato de respeto, diferencia que no se establece de forma general en el occidente de Andalucía y en algunas áreas de Canarias. Por último, y aunque pueda resultar menos revelador, cabe hablar de coincidencias llamativas entre el vocabulario propio del dialecto andaluz y las hablas americanas.

El español de América, que a mediados del siglo xvii había adquirido ya sus rasgos peculiares más significativos, no puede entenderse como una unidad: incluye variedades dialectales muy diversas con rasgos propios característicos, determinados por factores como el sustrato local, o la mayor o menor vinculación cultural histórica con España. El castellano de aquellos primeros colonos se fue adaptando a la realidad americana. El léxico se acriolló, creando nuevos términos para aquellas realidades desconocidas hasta entonces en la península ibérica o incorporándolos de las lenguas amerindias. En el diario del primer viaje de Colón, el almirante hace ya referencia a voces antillanas como *canoa* («navetas de un madero a donde no llevan vela»), *ají* («que es su pimienta»), *hamaca* («redes en que dormían») o *cacique* («uno que tuvo el almirante por gobernador de aquella provincia»).

LIMPIA, FIJA Y DA ESPLENDOR

Durante el reinado de Felipe V, en el año 1713, se funda en Madrid la Real Academia Española a instancias del octavo marqués de Villena, don Juan Manuel Fernández Pacheco y Zúñiga, que se convertiría en el primer director de la institución. Aristócrata de notable cultura y poseedor de una valiosa biblioteca, el marqués es el promotor de una tertulia de intelectuales y gentes ilustradas próximas a la casa real, hombres interesados por las ciencias, las artes y la literatura que rechazan el estilo alambicado del último Barroco y expresan su creciente preocupación ante la artificiosa complejidad de la lengua escrita, al tiempo que constatan la pérdida de prestigio del español en Europa. En una de estas reuniones surgiría la idea de hacer un diccionario como los que existían en francés (el elaborado por la Académie Française) e italiano (obra de la Accademia della Crusca). Solicitado el patrocinio de la Corona para su puesta en marcha —con ocho académicos fundadores—, es otorgada real cédula el 3 de octubre del año 1714. La corona expresa así su interés en la homogeneización de la lengua, con el fin de ponerla, como el resto de los ámbitos —la economía, el Ejército, la sociedad—, al servicio del Estado.

En 1715, la institución eligió su emblema: un crisol en el fuego con la leyenda «Limpia, fija y da esplendor». Enseguida se decidió la preparación de un diccionario «abundante de voces», que, elaborado entre los años 1726 y 1739, sería la primera de una serie de publicaciones con las que la Academia asumió la tarea de preservar la unidad de la lengua y, en definitiva, ponerse al servicio del idioma, en cumplimiento de sus primeros estatutos. Es el conocido como *Diccionario de autoridades*, organizado en seis volúmenes, «en que se explica el verdadero sentido de las voces, su naturaleza y calidad», y cuyas entradas se ilustran con citas de autores consagrados. Su elaboración tuvo muy presente el *Tesoro de la lengua castellana o española* (1611), primer diccionario monolingüe en lengua romance, debido al lexicógrafo toledano Sebastián de Covarrubias.

En 1741, aparece la primera ortografía académica, anticipada en el prólogo del *Diccionario de autoridades*, *Orthographia española*, «que enseña a escribir recta y científicamente», y cuya segunda edición, publicada con el nombre de *Ortografía de la lengua castellana* —que conservaría en versiones sucesivas—, data de 1754. Por su parte, la *Gramática de la lengua castellana*, deudora en cuanto a su estructura de la de Antonio de Nebrija (1492), verá la luz en 1771, con el objeto de hacer «ver el maravilloso artificio de la lengua». A partir de ese momento, irá actualizándose periódicamente. En 1780 se publica el *Diccionario de la lengua castellana*, que, ya sin citas de autoridades, aparece en un volumen único para, según declara de forma explícita, «su más fácil uso». Es el iniciador de la serie de diccionarios usuales de la Real Academia Española, cuya última edición en papel fue la vigesimotercera (2014).

RREFORMAS QE NO TRIUNFARON

Desde su fundación, a comienzos del siglo XVIII, uno de los principales objetivos de la Real Academia Española fue configurar un sistema ortográfico normalizado, simplificando las grafías y adecuándolas a los cambios experimentados en el sistema fonológico. Este espíritu reformista tuvo como criterio principal la pronunciación, aunque de forma complementaria se recurriera al uso consolidado y la etimología. A comienzos de la siguiente centuria, el sistema ortográfico del español había quedado ya fijado en sus líneas principales, al menos en lo referente a las letras. Con todo, la dificultad de trasladar efectivamente ese modelo a la escritura y al ámbito de la enseñanza determinó que en la práctica siguieran prevaleciendo patrones diversos.

La polémica ortográfica suscitada por el deseo de una correspondencia biunívoca entre letras y sonidos seguía viva y llegó en breve al otro lado del océano. Aunque las repúblicas americanas surgidas tras la emancipación aceptaron el modelo lingüístico de España y la norma académica, no dejaban de incidir en la necesidad de definir las particularidades del español del Nuevo Mundo. Andrés Bello, célebre humanista, filólogo y poeta venezolano, formuló en 1823 un proyecto de reforma ortográfica. Algunas de sus propuestas fueron aceptadas en diversos países latinoamericanos y llegaron a implantarse con carácter oficial en Chile, su país de adopción, en 1844. Aunque el proyecto inicial de Bello era más radical, las únicas dos novedades introducidas por esta «ortografía destinada al uso de los americanos» fueron el empleo exclusivo de la letra *i* para representar el fonema /i/ (también como conjunción copulativa [*El perro i el gato*] y al final de palabra [*rei*, *lei*]) y de la letra *j* para representar el fonema /j/ (*jema, jitano*). Más adelante, Francisco Puente añadió la sustitución de *x* por *s* delante de consonante (*escursión, esplanada*). Hubo otros intentos reformadores, como el del argentino Domingo Faustino Sarmiento, autor de *Memoria* (*sobre ortografía americana*) (1843), que aconsejaba eliminar las grafías *v, x* y *z*, señalando que la imitación de la zeta castellana conducía a una lectura «afectada y ridículamente a la española».

Hasta que, en España, Isabel II no instauró la obligatoriedad de enseñarla en las escuelas (1844), la ortografía académica, que había tenido muy presente la *Gramática de Bello*, no se convirtió en referencia de escritura. Primero en la península ibérica y, poco a poco, también en América, a lo largo de la segunda mitad del siglo XIX, el español pasa a ser oficial, al tiempo que se fundan las primeras academias nacionales de la lengua correspondientes de la Española en el continente americano. En 1927, Chile, el país donde alcanzaron mayor difusión las reformas ortográficas, asumió la obligatoriedad de la enseñanza y su aplicación en la redacción de los documentos oficiales, dando así por concluida su aventura reformista.

Abandonado todo intento de apartarse de la unidad idiomática y, en consecuencia, de unos usos ortográficos que no eran privativos de la Academia Española, sino patrimonio general del mundo hispano, la lengua castellana dispuso por fin de una ortografía común, perfectamente compatible con las diferencias fonológicas, morfosintácticas y léxicas. Había triunfado la consideración de la lengua como «vínculo de fraternidad entre las varias naciones de origen español» a ambos lados del océano, tal como afirmara el propio autor de esa «rreforma qe izo temblar asta sus zimientos la qomunidad del español».

EL SUEÑO AMERICANO

El español goza de buena salud en Estados Unidos. Según el Instituto Cervantes —fuente de los datos que se recogen en este capítulo—, del conjunto de países del mundo donde se habla español, Estados Unidos se sitúa en quinto lugar por número de hablantes, por detrás de México, Colombia, España y Argentina. Por lo que respecta a las previsiones, se prevé que hacia 2060 pase a ocupar la segunda posición, detrás de México. De los aproximadamente 57,5 millones de hispanos que hoy viven en el país, alrededor de 41 millones se expresan en español, la cantidad más elevada de todos los países donde el español no es lengua oficial. El porcentaje total de latinos asciende al 17 %, pero entre los menores de dieciocho años ya son uno de cada cuatro. A mediados de la centuria, serán casi uno de cada tres.

Los latinos que más abundan en Estados Unidos son originarios de México y, en segundo lugar, de Puerto Rico. Los primeros conservan más el español que los segundos, no tanto porque en Puerto Rico se hable más inglés que en México, como cabría pensar, sino porque los puertorriqueños que van a Estados Unidos conviven más que los mexicanos con población afroamericana y, por tanto, incorporan a su habla más elementos del inglés. En tercera posición se encuentran los salvadoreños, que ya han sobrepasado a los cubanos.

En la actualidad, más de un 60 % de las personas de origen latino que viven en Estados Unidos ha nacido en el país, una tendencia que va en aumento. Son nietos de aquellos primeros inmigrantes prácticamente monolingües en su totalidad, cuyos hijos —latinos de segunda generación—, aunque tienen el inglés como principal lengua de comunicación, se expresan de forma adecuada en español, es decir, son bilingües. Se ha señalado con frecuencia el riesgo de que esta segunda generación no transmita el español a sus descendientes, por considerar que lo mejor para la integración de sus hijos es que se apliquen fundamentalmente al conocimiento del inglés. Nos encontraríamos, por tanto, ante una tercera generación de estadounidenses de origen latino que, convencidos en un porcentaje elevado de que el mantenimiento del español no es un rasgo definitorio de su identidad, estarían perdiendo la lengua de sus abuelos.

El hecho es que el ritmo de esa pérdida intergeneracional del idioma —la disminución de hispanos hablantes de español con respecto a sus abuelos— se ha ralentizado un 10 % en los últimos treinta años. Los referentes culturales hispanos son cada vez más. Hablar español se está convirtiendo en un plus profesional, ya que la demanda de hablantes de nuestra lengua por parte del sector empresarial estadounidense es creciente. No son casuales los datos sobre el número de estudiantes, casi veintidós millones, que han escogido como lengua extranjera el español, el idioma más estudiado en todos los grados educativos. Es muy significativo que en una ciudad mayoritariamente anglófona como Nueva York el español sea la segunda lengua más empleada en Twitter.

PERLAS
FONÉTICAS
Y ORTOGRÁFICAS

LA EÑE, SÍMBOLO
DEL ESPAÑOL

Si hay una letra que representa internacionalmente el español, esa es, sin duda, la eñe, decimoquinta de nuestro abecedario. Hace unos años, sin embargo, su existencia se vio amenazada y la eñe tuvo que hacer frente a una batalla política y legal por su supervivencia. Corría el año 1991 cuando la Comunidad Europea denunció las leyes españolas que garantizaban la presencia de la letra en los teclados comercializados en España. Dos años después, el Gobierno español promulgaba un real decreto que, amparándose en la excepción de carácter cultural recogida en el Tratado de Maastricht, aseguraba la presencia de la letra —así como los signos de apertura de interrogación y exclamación— en los aparatos electrónicos, eléctricos y mecánicos utilizados para la escritura.

En realidad, el sonido de la eñe no tiene nada de especial. Representado por dígrafos —secuencias de dos letras que representan un solo sonido— forma parte de lenguas romances como el catalán (*ny: espanyol*), el portugués (*nh: espanhol*) o el francés y el italiano (*gn: espagnol* y *spagnolo*, respectivamente). Sí resulta peculiar, en cambio, la grafía, que raramente se encuentra en otras lenguas: en el vasco y el gallego, en el bretón, en algunas lenguas africanas y, por influencia española, en el tagalo y en lenguas americanas como el aimara, el mixteco, el quechua, el zapoteco, el mapuche o el guaraní. En pocas más.

Si seguimos la terminología lingüística, la letra eñe representa un fonema sonante nasal palatal inexistente en latín. ¿Cómo se incorporó, entonces, a nuestra lengua? Ya en época medieval, determinados grupos consonánticos latinos evolucionaron en castellano hacia este sonido. Es el caso de *gn* (*lignum* > *leño*), *nn* (*annus* > *año*) o *ni* (*Hispania* > *España*). Por entonces era habitual que los copistas emplearan abreviaciones para ahorrar tiempo y espacio (como ocurre hoy muy frecuentemente en las redes sociales). Pues bien, la eñe procede de la abreviatura del dígrafo *nn* —hacia el que en buena medida habían convergido ya otras grafías en el siglo XIII—, que simplificaba la consonante geminada y añadía una rayita encima.

Esta tendencia se vio reforzada por la ortografía de la época de Alfonso X el Sabio, cuando se empezaron a fijar las normas del español, y Nebrija, en sus *Reglas de orthographia en la lengua castellana* (1517), incorpora la eñe como letra independiente. No figura como tal, sin embargo, ni en el *Diccionario de autoridades* ni en la primera edición de la *Ortografía* de la Real Academia Española, donde se señala que «si a la N en nuestra lengua se le añade una tilde así *ñ*, es su pronunciación diferente: y a no tener cuidado, puede en lo escrito variar mucho la significación de las voces, como en *moño* y *mono*». Sí se registra en la segunda edición, de 1754.

LA U Y LA JOTA, VIDAS PARALELAS

Aunque su relación sea distante, la *u* y la *j* —de *iôta*, nombre de la novena letra del alfabeto griego, que se corresponde con la *i* del latino— han tenido vidas paralelas. Ninguna de las dos formaba parte del abecedario latino. El fonema /u/ se representaba en latín mediante la letra uve (*maximvn*, *magistratvs*) y el fonema /j/ no existía en la lengua de Roma. Pero, aun no siendo propiamente letras, sí se empleaban como variantes caligráficas de la uve (que se redondeaba habitualmente en la escritura manual) y de la i (a la que se añadía un adorno en la base), en particular de la i larga.

Además, estas dos letras latinas, la uve y la i, se usaban para representar sonidos semiconsonánticos, que en las lenguas romances evolucionaron hasta convertirse en consonantes plenas. Mantuvieron ambos usos, el vocálico (*vltimo* [último], *camino*) y el consonántico (*caverna*, *iarra* [járra]), en el castellano medieval. Pero a lo largo de los siglos XVI y XVII las cosas fueron cambiando. La uve y la jota (que se llamó también durante un tiempo *i holandesa* porque fueron los neerlandeses los primeros en utilizarla de forma sistemática tras el desarrollo de la imprenta) se fueron especializando hasta acabar empleándose solo para los sonidos consonánticos, ya equivalentes a los actuales, en tanto que la u y la i quedaron reservadas para representar los sonidos vocálicos.

A principios del siglo XVII, Covarrubias no hace la diferenciación entre cada par de letras y nos informa de que la uve, «aunque es vocal, muchas veces se convierte en consonante» y de que la i «suele hacer oficio de consonante cuando va antes de vocal [...] y a esta llaman *i larga*, y hace *ja, jo, ju*». Sí las separa, más de cien años después, el *Diccionario de autoridades*, que no obstante pone sobre aviso de posibles errores y, al definir la jota, afirma que, «aunque algunos la confunden con la *i*, debe distinguirse, porque la *j* sirve siempre de consonante, y su pronunciación es gutural».

Esta larga historia compartida ha dejado su huella en las letras y en el abecedario. No es casual la posición contigua que ocupan en el alfabeto tanto la jota y la i como la u y la uve. Tampoco lo es la presencia del punto sobre la i y la jota minúsculas, exclusivo de ambas, que no deja lugar a dudas sobre su filiación. Un punto, por cierto, que tiene su origen en la costumbre medieval de añadir un acento para distinguir la doble i (*filíis*) de la *u*, y que a partir del siglo XVI se difundió gracias a la imprenta.

LA HACHE, UNA LETRA DISCRETA

La hache es una letra muy discreta, tan discreta que, en la mayoría de los casos, es muda. Podría haberse suprimido, pero, en la reorganización ortográfica llevada a cabo por la Real Academia Española desde su fundación hasta los primeros años del siglo XIX, se decidió conservarla por motivos etimológicos o de tradición.

En latín, la hache se empleaba para representar un sonido aspirado que desapareció tempranamente de la lengua oral —no quedaba ya rastro en la época imperial—, pero que se mantuvo en la escritura. Muchas de las haches del español tienen su origen en las voces latinas correspondientes. Puesto que carecían de valor fónico, durante gran parte de la Edad Media se extendió la costumbre de suprimirlas (se escribía *ombre* por *hombre*, *ora* por *hora* o *avía* por *había*), pero desde mediados del siglo XIII y especialmente a partir del siglo XV, con la moda latinizante derivada de la difusión del humanismo, se repusieron muchas de ellas.

Otro grupo de palabras con hache, sin embargo, carecían de ella en latín. Por influencia del vasco, la mayoría de las efes iniciales latinas seguidas de vocal pasaron a pronunciarse aspiradas en el castellano medieval, aunque siguieran representándose con la letra *f* hasta el siglo XVI, cuando se generalizó ya el uso de la *h* (*ferrum* > *hierro*, *farīna* > *harina*, *ficus* > *higo*). A finales del siglo, la aspiración se había perdido y ya no formaba parte de la norma culta en casi toda la península ibérica. Se mantuvo en Andalucía, Extremadura, Canarias y algunas áreas de América.

Existen otras haches de origen distinto. Algunas son etimológicamente inesperadas, como las de *hermano* (del latín *germānus*) o *hinchar* (del latín *inflāre*). O las de *hueso* (del latín vulgar *ossum*) y *huevo* (del latín *ovum*), a pesar de que estas últimas están justificadas por razones históricas. Llevan hache la gran mayoría de las palabras con diptongo *ue* (también *ua* y *ui*) a principio de sílaba. Y no por capricho. Puesto que la *u* y la *v* se emplearon indistintamente para representar sonidos vocálicos (/u/) y consonánticos (/b/), se añadía la hache, con matiz distintivo, para destacar su carácter vocálico: *ueso* podría haberse leído de forma errónea como [béso], mientras que *hueso*, con esa hache añadida, solo podía leerse como [uéso]. Esa es la razón por la que no llevan hache las palabras de la familia de *hueso* que no presentan diptongo: *óseo*, *osario*.

En otras voces, muy pocas y de incorporación reciente, la hache ha conservado el sonido aspirado que tiene en sus lenguas de origen: *hámster* (del alemán *Hamster*), *hachís* (del árabe *ḥašīš*), *hándicap* (del inglés *handicap*). En estos casos es habitual la aspiración, que sigue siendo excepcional fuera de las áreas dialectales mencionadas con anterioridad.

LA KA, UNA HISTORIA ACCIDENTADA

La letra *k* existía en latín —solo la mayúscula, el alfabeto latino no empleaba minúsculas—, proveniente del etrusco, con un sonido equivalente al que hoy tiene en castellano. En época arcaica, se empleaba ante la vocal *a*, y con el mismo sonido, la *c*, que en ningún caso se correspondía con /z/ (*civitas* se lee [kíbitas]), se combinaba con la *e* y la *i*, y la *q*, con la *o* y la *u* (no es casual, por cierto, la vocal que se ha elegido en los nombres de estas letras: *ka, ce, cu*).

Con el tiempo, se generalizó el uso de la letra *c* ante cualquiera de las vocales, en tanto que la *q* se reservaba para ser empleada con *u* seguida de una vocal perteneciente a la misma sílaba: *quadrivium, quercus*. En el latín clásico, la presencia de la *k* ya era casi anecdótica, pues solo aparecía en determinadas voces que conservaron una ortografía arcaica.

Como consecuencia, en la evolución del latín al castellano y, en general, en las lenguas romances, la letra tuvo escasa relevancia. Aunque su presencia puede resultar significativa en los textos más primitivos, tendentes a la escritura fonética, sometidos a gran variabilidad ortográfica y dependientes de factores como el tipo de letra elegido, a partir del siglo XII apenas se utiliza. Aun así, tuvo sus valedores, entre ellos Gonzalo Correas (*Korreas* en sus obras), que en su *Or-*

tografía kastellana nueva i perfeta (1630), dedicada al «katoliko rei Don Felipe N. S. IIII», defendió una simplificación ortográfica de carácter fonético. En todo caso, la posición periférica de la *k* en el sistema del español condujo a la Real Academia Española a eliminarla del alfabeto en 1815. Fue una decisión relativamente efímera. Poco más de cincuenta años después, en 1869, la Academia decidió replantearse la cuestión.

La gran mayoría de las voces que se escriben con *k* en español son préstamos de otras lenguas: *kétchup, kínder, koala, karaoke.* Buena parte de ellas se han incorporado a nuestro léxico con grafías adaptadas (*cacatúa* [del malayo *kakatūwa*], *canguro* [del inglés *kanguroo*], *esmoquin* [del inglés *smoking*]) o presentan dos variantes: una etimológica y otra que sigue el patrón tradicional español (*bikini/biquini, harakiri/haraquiri, póker/póquer, kiosco/quiosco, folklore/folclore*).

El carácter tradicionalmente marginal de la letra en español está detrás del uso que se hace de ella en sectores contestatarios y contraculturales. Así, se han impuesto en la lengua general palabras como *okupa* (que hace referencia a la ocupación de viviendas y locales no habitados) o *bakalao* (una música electrónica de carácter discotequero). En estos ámbitos no es infrecuente, por ejemplo, el uso de la *k* en términos como *kolectivo* o *anarkía*, y en un topónimo como *Vallekas* (en realidad, *Vallecas*), un barrio de Madrid.

LA UVE DOBLE O DOBLE VE, BENJAMINA DEL ABECEDARIO

La última letra en sumarse al alfabeto español fue la uve doble o doble ve, que no se incorporó hasta la ortografía académica de 1969. Es, además, foránea, ya que ha entrado a nuestra lengua por la vía del préstamo. Y quizá por eso, y también por su carácter de benjamina, es una letra caprichosa. Porque la uve doble representa dos sonidos muy distintos: uno vocálico, el de /u/, y otro consonántico, el de /b/.

Funciona como vocal en muchas palabras procedentes del inglés y en algunos términos transcritos al español derivados de lenguas orientales, semíticas e indígenas: *taekwondo* [taekuóndo], *lawrencio* [laurénzio/laurénsio]. Pero no siempre, porque cuando a principio de palabra o de sílaba precede a otra vocal y forma diptongo con ella —cosa, por otra parte, habitual— suele pronunciarse con refuerzo consonántico (como /gu/): *sándwich* [sándguich], *web* [guéb].

Se comporta como consonante en préstamos del alemán: *wolframio* [bolfrámio], *wagneriano* [bagneriáno]. Y, también, en voces procedentes de otras lenguas cuando va precedida o seguida de /u/: *kuwaití* [kubaití].

El origen de la uve doble es la secuencia de dos letras que representan un solo sonido. Se creó en las lenguas germánicas por duplicación de la uve latina (*vv*) para representar un sonido característico del que nosotros carecemos. En España, se dio a conocer en la Edad Media en la escritura de nombres propios de origen germánico (entre otros los de reyes visigodos como *Wamba* o *Witiza*). Pero los nombres comunes que incluían esta letra (e incluso algunos nombres propios) se adaptaron en general con *gu* o *v*, en ocasiones de forma un tanto arbitraria: *guarda* (del germánico *warda*), *guerra* (del germánico *werra*), *váter* (del inglés *water-closet*), *vagón* (del inglés *wagon*), *vatio* (del inglés *watt*, y este de *J. Watt*).

Fruto de esta tradición es la propuesta de adaptación de *whisky* (del gaélico *uisce beatha*, 'agua de vida'), uno de esos extranjerismos inasequibles al desaliento. En 1984, la Real Academia Española incluyó por primera vez el lema *güisqui* en su diccionario. Pero las resistencias han sido muchas. En algunos casos la adaptación ha generado un claro rechazo. La ortografía académica de 2010 propuso como posible alternativa una nueva españolización, *wiski*, más cercana a la voz original. Más allá de la anécdota, el caso ilustra los nuevos criterios de adaptación de extranjerismos, en los que, en general, se prefieren grafías más cercanas a la etimológica.

MÉXICO Y *TEXAS*: RELIQUIAS ORTOGRÁFICAS

No es infrecuente encontrar algunas anomalías ortográficas en apellidos y topónimos. Es el caso de términos como *México*, *Texas* o *Ximénez*, en los que llama la atención el uso de la letra equis con valor de /j/. Pero esta aparente falta de correspondencia entre grafía y pronunciación ([Méjiko], [Téjas] y [Jiménez], y no, como sería esperable, [Méksiko], [Téksas] y [Siménez]) tiene su razón de ser: se debe a que la equis se emplea con el valor que tuvo durante algún tiempo en el español antiguo y que conservó, de hecho, hasta principios del siglo XIX.

La historia es algo tortuosa. En el español medieval, la *x* representaba un sonido semejante al de la *sh* inglesa (*ship*, *cash*) o la *ch* francesa (*chef*, *clochard*), de modo que por entonces se escribía *dixo* y *exemplo*, que se pronunciaban, respectivamente, [dísho] y [eshémplo]. Al mismo tiempo, se empleaban las letras *j* y *g* (esta solo ante *e*, *i*) con un sonido parecido al de la *j* del francés actual (*journal*, *jeu*), misma pronunciación que tenían, por ejemplo, en *fijo* (hoy *hijo*) o *muger* (hoy *mujer*).

Entre los siglos XVI y XVII, ambos sonidos (uno sordo y otro sonoro) convergieron, y el resultante evolucionó hasta transformarse en la /j/ que hoy conocemos. Para representarlo de manera gráfica, se mantuvieron en el inicio las tres grafías originales: la *x*, la *j* y la *g*. En 1815, con el fin de simplificar este pequeño desbarajuste, la Real Academia Española decidió eliminar la equis, reservándola para transcribir el sonido con el que se empleaba ya en latín (/k+s/).

De modo que la presencia de esa extraña equis en voces como las mencionadas, o en *Oaxaca, Xalapa, Axarquía, Mexía* o *Ximena*, está justificada históricamente. Aun así, en la mayoría de los casos coexisten las variantes que se corresponden con el actual sistema del español (*Méjico, Tejas, Jiménez*). En España, fue mayoritaria hasta no hace mucho la grafía *Méjico*, que poco a poco se ha ido abandonando en favor de la variante con *x*, que es la preferida en el país americano.

Por otra parte, también se puede encontrar esta reliquia ortográfica en voces procedentes de las lenguas amerindias de México y América Central, como *xiote* ('cierta enfermedad de la piel'), que se pronuncia [jióte]. Pero aquí la cosa se complica, porque cuando los españoles llegaron a América, la pronunciación de esa /sh/ de la que antes hemos hablado, también presente en lenguas como el náhuatl y el maya, existía aún en castellano, de modo que emplearon también la equis para transcribirla. Esta letra aún se conserva con dicho valor en términos como *mixiote* ('cierto plato mexicano') o *xocoyote* (en México, 'hijo menor'), pronunciados [mishióte] y [shokoyóte].

EN BUSCA DE LOS DÍGRAFOS PERDIDOS

En el X Congreso de la Asociación de Academias, en 1994, se decidió dejar de considerar como letras la *ch* y la *ll*, que formaban parte de nuestro abecedario desde comienzos del XIX. La primera obra académica en la que se plasmó la decisión fue el *Diccionario escolar*, publicado en 1999. En él, perdieron su condición de signos independientes. Lo cierto es que, en buena ley, solo se consideran letras (o *grafemas*, si empleamos la terminología lingüística) los signos gráficos simples. Quedan excluidas de esta categoría las secuencias que representan un solo sonido (un fonema), como la *ch* o la *ll*. Estas se denominan *dígrafos* (también existen trígrafos y tetrágrafos en otras lenguas, pero no en español). En nuestra lengua hay cinco dígrafos. A los dos citados, se añaden *rr* (*arroyo*), *gu* (*guiso*) y *qu* (*queso*), que suelen pasar más desapercibidos.

En el español medieval existieron algunos más, y perduraron hasta la ortografía de 1754. Fue entonces cuando se decidió eliminar la *ph* (usada como *f*: *phenómeno* > *fenómeno*, *philosphía* > *filosofía*), la *rh* (que equivalía a *r*: *rheuma* > *reuma*, *rhetorica* > *retórica*) y la *th* (empleada como *t*: *theatro* > *teatro*, *theología* > *teología*). También se suprimió la *ch* con valor de /k/ (*cherubín* > *querubín*, *christiano* > *cristiano*). Como puede verse en los ejemplos, estos «dígrafos latinizantes» estaban presentes en voces de origen griego o hebreo. Unos años después, en 1763, se eliminó la *ss* (por entonces equivalente a la *s*: *assechanza* > *asechanza*, *osso* > *oso*).

Estos dígrafos no tenían ya justificación, puesto que su sonido podía ser representado por letras simples. Pero la cuestión suscitó enconados debates entre los académicos. El objetivo era simplificar el sistema ortográfico y fonológico en aras del ideal de correspondencia biunívoca entre letras y sonidos: que cada letra representara un único sonido y que a cada sonido le correspondiera una única letra. Se trataba de realizar una adecuación ortográfica siguiendo criterios fonológicos. Pero aunque el español satisface esta vieja aspiración en mucho mayor grado que otras lenguas europeas, como el inglés o el francés, siguen existiendo diversas discordancias, como la existencia de la *h* muda o el uso con idéntico valor de las letras *b* y *v*, que se mantuvieron por criterios etimológicos y de tradición.

LOS ORÍGENES DEL SESEO

El seseo no es fruto del azar sino consecuencia del reajuste de las sibilantes medievales del castellano. Las sibilantes son fonemas que, al emitirse, producen un sonido parecido al de un silbido. En español existían hasta seis diferentes, divididas en tres parejas. Estas parejas se oponían internamente por su carácter sordo o sonoro, pero, en la etapa final de la Edad Media, comenzaron a producirse una serie de cambios que culminarían en los siglos XVI y XVII, y que afectaron a todo el sistema. Para simplificar, digamos que las sonoras se ensordecieron y las seis sibilantes quedaron reducidas a tres.

Ya se ha mencionado una de ellas al hablar de *México* y *Texas*, la que suena igual que la *sh* inglesa, representada inicialmente por la letra *x* y, después, también, por la *g* y la *j*: *exemplo* [eshémplo]. La segunda es la que se corresponde con la /s/ actual, para la que se empleaba el dígrafo *ss* y, luego, la *s*: *osso* [óso]. Para representar la tercera —la que más nos interesa aquí—, que sonaba aproximadamente como /ts/ (como en italiano *pizza*), se empleaba la letra *ç* (cedilla), así como la *c*, y más tarde también la *z*: *plaça* [plátsa].

Pues bien, la semejanza de estos tres sonidos, que solo se distinguían por el lugar de articulación, favoreció que los hablantes fueran introduciendo diversos cambios. Para evitar la confusión entre la /ts/ y la /s/, en el castellano del norte y el centro de la península ibérica se optó por adelantar el punto de articulación de la primera, trasladándolo entre los dientes (antes se situaba tras los dientes) y dando lugar a la /z/. Se creaba así la oposición entre *casa* [kása] y *caça* [káza] (las grafías se simplificarían después y la cedilla acabaría desapareciendo), propia todavía hoy del español de estas áreas.

En las áreas meridionales de la península ibérica, en cambio, se produjo una confusión total entre ambas. Algunos hablantes redujeron los dos sonidos a /z/, lo que dio lugar al ceceo, solución minoritaria y desprestigiada socialmente. Pero se perdió, con carácter general, la /ts/ y prevaleció la /s/. De este modo, los hablantes que optaron por esta alternativa —el seseo— dejaron de distinguir *caça* y *casa*, pronunciadas ambas como [kása]. Este uso estaba ya asentado cuando el español se difundió por Canarias e Hispanoamérica, de forma que los colonos, que, como ha habido ocasión de apuntar, procedían en buena parte de Andalucía, extendieron el seseo por todos estos territorios. Hoy es la variante mayoritaria del español, ya que más del noventa por ciento de quienes lo hablan sesean.

UN FENÓMENO RECURRENTE

La relajación de la /d/ intervocálica, que en los casos más extremos da lugar a su desaparición, es uno de los fenómenos fonéticos más llamativos del español actual. Afecta a múltiples áreas hispanohablantes y resulta especialmente frecuente en la pronunciación coloquial y popular de los participios de la primera conjugación o de sustantivos con esa misma terminación -*ado* (por ejemplo, en *cansado*, que se pronuncia [kansáo], en *asado* [asáo] o en *soldado* [soldáo]). Aunque nos centramos aquí en la posición entre vocales, este mismo fenómeno se produce cuando la letra *d* aparece a final de palabra (*Madrid* [madrí], *usted* [usté]), donde la pronunciación en general es extremadamente débil.

El debilitamiento y pérdida de esta consonante ha sido recurrente en la historia del castellano. Primero, en el paso del latín a la lengua romance: *audire* > *oír*, *cadere* > *caer*, *pedem* > *pie* (sí se mantuvo esa /d/ intervocálica en los casos en que procedía de la evolución de la /t/ latina: *totus* > *todo*, *vita* > *vida*). Después, entre los siglos XIV y XVI, en la segunda persona del plural de los verbos, donde afectó a las desinencias -*ades*, -*edes* e -*ides*: *cantades* > *cantáis*, *tenedes* > *tenéis*, *partides* > *partís*.

El fenómeno no es nada nuevo y, en el caso que nos ocupa, existe documentación desde el siglo XVII y está muy extendido en América y en España. En la península ibérica es especialmente frecuente, aunque no de forma exclusiva, en las áreas meridionales. Ciertas palabras del ámbito del flamenco se recogen en el diccionario sin /d/ intervocálica por influjo del habla de los gitanos andaluces. Son voces ya generalizadas en la lengua común, como *bailaor*, *cantaor* o *tablao*.

En la pronunciación culta, y en particular cuando se habla en público, se suele evitar la pérdida de la /d/, pero en países como España no es rara la relajación en los participios incluso en estos contextos. Pero la ultracorrección también tiene sus peligros, ya que puede dar lugar a términos como *bacalado* o *Bilbado*, que todavía se pueden oír en algún lapsus. No es ultracorrección, aunque pudiera parecerlo, la expresión *así o asado* ('de un modo u otro, sin importar la forma'), si bien, dado su valor expresivo, tiene mayor difusión la variante oral *así o asao*.

A VUELTAS CON LA TRADICIÓN: *SOLO* Y LOS DEMOSTRATIVOS

En 2010, la ortografía académica se replanteó la pertinencia de la tilde diacrítica en los pronombres demostrativos y el adverbio *solo*.

La tilde diacrítica fue introducida a finales del siglo XIX. En latín, con carácter general, no se empleaban las tildes. En griego sí, y el español, como otras lenguas romances (fue el italiano la primera que las adoptó), eligió inicialmente los mismos signos para expresar el acento. Eran tres: el acento agudo (´), el acento grave (`) y el acento circunflejo (^). Los primeros textos españoles que los incluyen datan de mediados del siglo XVI.

Con todo, el uso de las tildes no se generalizó hasta el siglo XVII. En un principio, el acento más utilizado fue el grave, que se escribía casi exclusivamente sobre la última sílaba de las palabras agudas. Se empleaba en particular, con función diacrítica, para distinguir unas palabras de otras de igual grafía: *mudò* frente a *mudo*, por ejemplo.

Ya en el siglo XVIII se extiende el uso del acento agudo para señalar la sílaba tónica. Fue, de hecho, el elegido por el primer repertorio académico, el *Diccionario de autoridades*. En esta obra, el acento grave quedó circunscrito

—aunque de forma efímera— a los monosílabos formados por una sola vocal: *à, è, ò, ù*. El circunflejo, por su parte, se recomendó hasta principios del xix con valor distintivo para señalar cómo debían pronunciarse letras como la *ch* o la *x*, que por entonces representaban más de un sonido: *monarchîa* [monarkía], pero *coche* [kóche]; *exâmen* [eksámen], pero *dixo* [díjo].

A partir de entonces, la Real Academia Española fue perfilando el modelo actual, siempre con la premisa de la economía: se tildan aquellas palabras que se apartan del patrón acentual más común del español. Por eso se acentúan todas las esdrújulas, que son minoritarias, y no se tildan las palabras llanas terminadas en *n* o *s*, que son las más comunes. En todo este tiempo, ha habido algunas idas y venidas. Y todavía hoy se lleva a cabo algún ajuste. Como tal debería entenderse la cuestión de la tilde diacrítica en los pronombres demostrativos y el adverbio *solo*.

Fue la gramática de 1880 la que incorporó la tilde diacrítica «por norma» para los pronombres demostrativos y «por costumbre» para el adverbio *solo*.

El hecho es que las *Nuevas normas de prosodia y ortografía*, en vigor desde 1959, restringían la obligatoriedad de esa tilde a los casos de ambigüedad en los pronombres demostrativos, mientras que se limitaban a permitir que el adverbio *solo* la llevara en los mismos supuestos (no era preceptiva, aunque pasó a serlo tras la publicación de la ortografía de 1999). La ortografía de 2010 fue un paso más allá al eliminar su obligatoriedad en estos contextos.

Lo cierto es que la ambigüedad no se produce con demasiada frecuencia y, en los demostrativos, a veces los ejemplos que se ofrecen resultan estilísticamente forzados: *Ana dejó a esos atontados*; *¿Han comprado esos hela-*

dos? (donde la interpretación de los demostrativos como complemento directo: 'los dejó atontados', y como sujeto: '¿esos han comprado helados?', es decir, como pronombres, es posible pero no natural). Más habituales y espontáneos son los casos de ambigüedad con *solo*: *Juan vino solo a casa*; *Trabaja solo en la oficina* (donde *solo* puede significar tanto 'sin compañía' como 'solamente').

Sea como fuere, la mayoría de las veces el contexto permite resolver la ambigüedad. Cabe también la posibilidad de emplear un sinónimo como *solamente* para el adverbio *solo*, o de cambiar el orden de los elementos o la puntuación. Como se ha dicho, el uso de la tilde diacrítica en formas tónicas supone una anomalía en el sistema de acentuación gráfica del español. La ambigüedad es equivalente a la que se da entre otros muchos homógrafos tónicos que no se tildan. La propia *Ortografía* pone como ejemplo el término *seguro*, que puede interpretarse con el significado de 'libre de peligro' (como adjetivo) o con el de 'con certeza' (como adverbio) en una frase como *El paquete viene seguro*. Quienes lo deseen pueden seguir empleando la tilde en esos infrecuentes casos de ambigüedad. Ni antes era preceptivo poner siempre tilde, ni ahora es obligatorio prescindir de ella. Lo cierto es que la Real Academia no la empleaba en sus obras desde mediados del siglo xx.

ACENTOS QUE ENGAÑAN

Hay acentos que generan dudas en los hablantes. Las palabras, en español, son, generalmente, agudas (tienen el acento en la última sílaba), llanas o graves (el acento recae en la penúltima sílaba), o esdrújulas (con el acento en la antepenúltima sílaba). Como ya se ha señalado, todas las palabras esdrújulas se tildan, de modo que escribimos *régimen* o *espécimen*. Pero ¿cómo formamos su plural? Puesto que estas palabras acaban en ene, el plural debería construirse regularmente con -*es*, lo que genera un problema. Si mantenemos el acento en la misma sílaba, se convertirían en sobresdrújulas (el acento recaería en una sílaba anterior a la antepenúltima). Sin embargo, esto resulta anómalo en español, lengua en que solo las formas verbales a las que se les pospone un pronombre lo son: *repítemelo, cuénteselo*. Para evitarlo, estos plurales trasladan su acento a la sílaba siguiente: *regímenes* (y no *régimenes*), *especímenes* (y no *espécimenes*).

Esta irregularidad despista a muchos hablantes, que reinterpretan el singular como grave: *regimen* [rrejímen], *especimen* [espezímen]. Con más razón por cuanto la solución por la que se opta en estos casos no es ni mucho menos sistemática, ya que el resto de las palabras esdrújulas terminadas en esa misma consonante son invariables en plural: *búmeran* (*los búmeran*), *cárdigan* (*los cárdigan*), *cáterin* (*los cáterin*).

El otro término en el que se produce un desplazamiento del acento en la formación del plural es *carácter*. La forma correcta, *caracteres* [karaktéres], resulta anómala, puesto que lo esperable sería *carácteres (como *cráteres* de *cráter* o *esfínteres* de *esfínter*). Aquí no cabe recurrir a la excepcionalidad de las palabras sobresdrújulas, de modo que hay que contentarse con la tradición. El fenómeno procede del latín. La reinterpretación del singular de esta voz solo se produce en algunas acepciones. Se usa erróneamente *carácter [karaktér] cuando se hace referencia a los signos de escritura o de imprenta (quizás porque en esta acepción se emplea generalmente en plural), pero casi siempre se pronuncia de forma correcta [karákter] cuando se habla del conjunto de cualidades que determinan la conducta de una persona.

CASOS ESPECIALES

En el código ortográfico español existen algunas irregularidades que merece la pena poner de manifiesto.

Un caso llamativo es el de los derivados de nombres extranjeros de persona (antropónimos) y de lugar (topónimos). Para facilitar su identificación, se recomienda conservar la grafía del nombre del que proceden. Así, se escribe *shakespeariano* (de *Shakespeare*), *rousseauniano* (de *Rousseau*), *beethoveniano* (de *Beethoven*), *ghanés* (de *Ghana*) o *seychellens*e (de *Seychelles*). Pero aunque estos adjetivos se forman mediante sufijos castellanos y se consideran palabras plenamente españolas, no se acomodan a la ortografía de nuestra lengua. Además, su pronunciación es mixta, pues la parte correspondiente al nombre propio extranjero se articula como en la lengua de origen: [sekspiriáno], [rrusoniáno]. Conculcan, por tanto, la norma general que prescribe el uso de la cursiva cuando la grafía de una palabra común no se adapta a las reglas ortográficas del español o cuando, según esas mismas reglas, no existe correspondencia entre su grafía y su pronunciación.

Es cierto que, como derivados de nombres propios, estos casos constituyen una excepción. Aprovechando esta vía parecen haberse colado en nuestra lengua otros casos de más difícil explicación. Nos referimos a determinadas voces derivadas de extranjerismos crudos que, como tales, han conservado su grafía y pronunciación originales, y que, por tanto, se escriben en cursiva: *pizza*, *jazz*, *whisky* (aunque de este último término existan adaptaciones). Como en el supuesto de los antropónimos y topónimos, se han añadido a estas bases sufijos españoles conservando la grafía de la palabra primitiva: *pizzería*, *jazzístico*, *whiskería*. El resultado son voces híbridas, con grafías anómalas y pronunciaciones ajenas a las establecidas por las normas del castellano ([pitsería], [yasístiko], [guiskería]), pero que se aceptan como españolas, por lo que se escriben sin marca ortotipográfica alguna.

¿No es algo raro escribir *pizza* en cursiva y *pizzería* o *pizzero* en redonda? Con más motivo cuando, en otras ocasiones, los derivados se han adaptado con normalidad: por ejemplo, escribimos *rock*, pero hemos aceptado *roquero*. Si vamos algo más allá, convendremos en que, en realidad, palabras como *pizza* tienen ya un carácter híbrido. Son voces que se han incorporado al léxico de nuestra lengua con una grafía anómala. La prueba evidente de ese carácter mestizo es que en plural se utiliza *pizzas* (un plural «a la española») y no el que le correspondería como voz italiana: *pizze*. El propio diccionario académico emplea *pizzas* (en cursiva) en la definición de *pizzería*: 'Establecimiento comercial en que se elaboran y se venden *pizzas*'. Ese plural anómalo —habitual en palabras extranjeras que no forman el plural como en castellano, por ejemplo, las procedentes del italiano o del alemán— ¿no le otorga al término un carácter tan «español» como el de *pizzería*? La cuestión es compleja y la Real Academia Española ha optado por una solución salomónica. Se emplea cursiva en las palabras primitivas y redonda en las derivadas. Se trata de una vía de entrada y normalización de grafías ajenas a nuestra lengua.

LA PALABRA QUE NO SE PUEDE ESCRIBIR

Supondría una gran anomalía ortográfica que alguna palabra no se pudiese escribir. Este es el caso que nos ocupa. La palabra sería el resultado de unir al imperativo de segunda persona de singular del verbo *salir* (*sal*) el pronombre átono *le* (o la forma plural correspondiente, *les*).

Así sucede cuando, por ejemplo, damos indicaciones para que alguien salga al paso o al encuentro de una o varias personas: [sál.le al páso] o [sál.les al enkuéntro], diríamos. Pero ¿cómo lo escribimos? Si nos atenemos a las reglas generales, es obligado unir el pronombre al imperativo, de modo que quedaría así: *Salle al paso, Salles al encuentro*. Ahora bien, puesto que la secuencia *ll* se lee necesariamente como un dígrafo en español, su lectura sería [sálle] y [sálles]. Las sílabas de estas dos palabras son, por tanto, *sa-lle* y *sa-lles* (no *sal-le* y *sal-les*).

Para solventar este fallo del código, se han propuesto distintas soluciones. La más tradicional es añadir un guion, del mismo modo que se añade en los casos en que la incorporación de prefijos genera anomalías ortográficas, en particular, cuando estos se unen a una palabra que comienza con mayúscula o a un número: *anti-OTAN, sub-21* (incluso se acepta su empleo como recurso gráfico para facilitar la comprensión del término cuando puede existir ambigüedad: *ex-preso* ['preso que ya no lo es'], *co-operar* ['operar conjuntamente']).

Se ha sugerido también la posibilidad de recurrir a un punto medio, como el empleado con esta misma función en catalán (*sal·le*), o al apóstrofo (*sal'le*). Pero el primer signo es ajeno a la tradición del español y el segundo se reserva en nuestra lengua para las elisiones de sonidos. En todo caso, la ortografía académica de 2010 consignó la imposibilidad de representar la secuencia citada.

HABERLAS HAYLAS

Un ejemplo de extraña irregularidad es el uso de la *y* con valor vocálico a principio o en el interior de palabra, ocupando el lugar que le correspondería a la *i*.

No sorprende su presencia en los derivados de nombres propios extranjeros, ya sean de lugar (*seychellense*, de *Seychelles*) o de persona (*taylorismo*, de *F. Taylor*), pero somos conscientes de que son una excepción. Pervive también como arcaísmo en apellidos españoles: *Goytisolo, Ybarra, Yrigoyen*, así como en nombres de lugar de áreas de habla castellana y en los gentilicios correspondientes: *Ayllón* y *Aylagas* (España), *Guaymas* (México), *ayllonense, aylagués* y *guaymeño*.

Además, se conserva en las formas verbales acabadas en -*y* a las que se añade un pronombre pospuesto: *doyte, voyme*. En la mayoría de las áreas hispanohablantes estas formas se perciben como arcaizantes ya que en la actualidad solo es normal que los pronombres se unan a los infinitivos, los gerundios y los imperativos.

Un término como *pyme*, incorporado recientemente al *Diccionario* y anómalo desde el punto de vista ortográfico, procede de un acrónimo: *PYME* (pequeña y mediana empresa). En las siglas no existe ninguna restricción: *YPF* (Yacimientos Petrolíferos Fiscales), *OCYPE* (Oficina de Coordinación y Programación Económica).

La regla general estipula que la *y* solo tiene valor vocálico cuando, precedida por otra vocal y formando diptongo con ella, aparece al final de palabra: *guay, soy, ley* (no siempre se opta por la *y* en ese contexto; por ejemplo, se escribe *agnusdéi, saharaui* o *moái*). La *y* final precedida de consonante es ajena al español, y las palabras extranjeras que siguen esta pauta deben adaptarse a la norma ortográfica general: *panti, sexi, ferri* (no *panty, sexy* o *ferry*).

Las voces terminadas en *-y* forman su plural con *-es*, de modo que aquella toma valor consonántico: *leyes* (de *ley*), *reyes* (de *rey*), *convoyes* (de *convoy*). No ocurre lo mismo con los sustantivos y adjetivos que se han incorporado más recientemente al español, muchos de ellos procedentes de otras lenguas, que forman el plural añadiendo *-s*. En este caso, la *y* del singular conserva su valor vocálico, pero, como ya no ocupa la posición final, pasa a escribirse *i*: *espráis* (de *espray*), *yoqueis* (de *yóquey*), *gais* (de *gay*).

¿YÉRSEY O JERSEY?

Ambas opciones son igualmente correctas. *Yérsey* es una forma exclusiva de América, mientras que se usa *jersey* en España y también en algunos países americanos. Lo interesante es que estas dos voces ejemplifican la doble vía de adaptación de los extranjerismos al español (en este caso, la voz inglesa *jersey*), con el fin de adecuarlos al sistema lingüístico de nuestra lengua.

En *yérsey* se ha producido una adaptación gráfica: se conserva la pronunciación de la voz inglesa y se adapta su ortografía a los criterios del español. Esta es una adaptación aproximada, porque resulta más fiel a la pronunciación original la variante *yersi*, que también puede encontrarse en América. En todo caso, es la opción mayoritaria y la que se sigue también en *yonqui* (del inglés *junkie*) o *yute* (del inglés *jute*). O en *fútbol* (del inglés *football*), *champú* (del inglés *shampoo*), *champán* (del francés *champagne*), *líder* (del inglés *leader*)... La lista es interminable. En ocasiones, la adaptación ortográfica es innecesaria (*set*, *airbag*) o solo es preciso añadir la tilde correspondiente (*córner*, *máster*).

En *jersey*, por el contrario, la adaptación ha sido fonética: se conserva la grafía original, pero adaptándola a la pronunciación española. Aunque esta solución es menos frecuente, es la elegida en *jade* (pronunciado [yád] en francés) o *gay* (que se pronuncia [géy] en inglés). También en *iceberg*, pero solo en España, porque en América se emplea como extranjerismo crudo y se pronuncia [áisberg], como en lengua inglesa. En ocasiones, es necesario adaptar mínimamente la grafía etimológica: *bafle* (del inglés *baffle* [báfel]), *puzle* (del inglés *puzzle* [pásel]).

Lo normal es que, bien de forma espontánea, bien a través de las recomendaciones de la Real Academia Española, se opte por una u otra alternativa, pero el caso que da título a este capítulo no es único. Otros dobletes de este tipo son *pijama/piyama* (del inglés *pyjamas*), *banjo/banyo* (del inglés *banjo*), *crep/crepe* (del francés *crêpe*), *póney/poni* (del inglés *pony*) o *bacón/beicon* (del inglés *bacon*).

Caso habitual es el de las voces francesas terminadas en *-et*: *chalé/chalet*, *bufé/bufet*, *carné/carnet*. La terminación no resulta natural en español, de modo que no hubiera sido descabellada la incorporación de una *e* final de apoyo en la grafía original, como en ese *chalete* humorístico que circula por ahí (dando origen a una pareja del tipo *tique/tiquete* [del inglés *ticket*]).

La tendencia es adaptar siempre la grafía a la pronunciación.

EXTRANJERISMOS RESISTENTES

A menudo nos quejamos de la invasión de anglicismos. Lo cierto es que los préstamos lingüísticos forman parte inseparable de la historia del español, que ha recurrido a ellos con mucha frecuencia para ampliar su léxico. Resulta casi imposible imaginar nuestra lengua sin los arabismos incorporados en la Edad Media, los indigenismos adoptados tras la llegada de los españoles a América o los galicismos que, sobre todo a partir de la Ilustración —periodo de máximo prestigio cultural de Francia—, fueron ampliando los recursos del español. El goteo incesante de préstamos del inglés viene sucediéndose desde el siglo XIX, muy especialmente a partir del XX.

En ocasiones, estas voces se incorporan para dar nombre a realidades nuevas para las que el español carece de significante (el tomate o el cacao, por ejemplo, desconocidos hasta la llegada a América; la guillotina y el bidé, que debemos a los franceses, o, más recientemente, el tenis o el airbag). Otras veces, el prestigio cultural o político de una determinada lengua puede hacer que un préstamo —con frecuencia utilizado por moda o mero esnobismo— conviva con la voz tradicional o incluso acabe sustituyéndola. No es raro que hoy se hable en el ámbito laboral de un *planning* cuando pueden emplearse voces como *planificación* o *programación*, o que se opte por *staff* al hacer referencia al personal o los empleados. Son usos que se consideran innecesarios, pero que, como ha sucedido a lo largo de la historia, podrían acabar imponiéndose. Lo normal es que los préstamos arraigados acaben adaptándose a la grafía y la pronunciación del español, y se incorporen a nuestra lengua olvidándonos de su origen foráneo. Algunos ofrecen resistencia a esta adaptación. Se trata de un fenómeno favorecido por el proceso de globalización y el mayor conocimiento de las lenguas extranjeras por parte de los hablantes. Casi todos son extranjerismos asentados en el uso internacional, como *amateur*, *blues*, *camping*, *flash*, *glamour*, *jazz*, *parking*, *pizza*, *rock*, *software* o *thriller*. En algunos casos, como *camping* (*campin*), *flash* (*flas*) o *glamour* (*glamur*), se han sugerido adaptaciones. En otros, se opta por alternativas más tradicionales.

LA GRAMÁTICA TAMBIÉN TIENE SU GRACIA

UN FEMENINO MUY MASCULINO

Nos referimos al caso de los sustantivos femeninos que empiezan por *a-* o *ha-* tónica: *el águila, el hada*. Son, desde luego, femeninos, como se refleja en la concordancia con el adjetivo: *la majestuosa águila, la bondadosa hada*. O cuando el adjetivo aparece pospuesto: *el águila pescadora, el hada madrina*. Y cuando estos mismos sustantivos aparecen en plural: *las águilas, las hadas*.

Hay que recordar que en latín clásico no existían los artículos. El artículo determinado del español deriva de los demostrativos latinos *ille, illa, illud*. En concreto, el femenino *la* procede de *illa*, que inicialmente evolucionó a *ela*. Ante consonante, esta forma tendía a perder la *e* inicial: *ela > la*. Por el contrario, ante vocal, en especial ante *a* y *e*, tendía a perder la *a* final: *ela > el* (*el alegría, el arboleda, el espada*). En el español clásico, esta última tendencia, que se extendía a los usos ante adjetivo (*el alta torre*), se fue reduciendo y solo se mantuvo ante sustantivos que comenzaban por *a-* o *ha-* tónica. Así ha llegado a nuestros días (en el siglo XIX se puede considerar ya estabilizada la norma actual). No se trata, por tanto, del artículo masculino, que proviene de *ille* (*ille > el*), sino de una variante formal del artículo femenino.

Algo semejante ocurre con el artículo indeterminado, puesto que la concurrencia de las dos vocales favorece la pérdida de la átona: *un*[*a*] *águila, un*[*a*] *hada*. En este caso, sin embargo, se aceptan las dos variantes, que son prácticamente indistinguibles en el habla. El fenómeno es extensible a los indefinidos *algún*[*a*] y *ningún*[*a*], que derivan del artículo indeterminado. El uso que, por analogía, se hace de las formas masculinas de otros determinantes (*este águila, *todo hada, *el mismo águila*) se considera incorrecto.

Un fenómeno muy particular es el de los derivados de estos femeninos y de los compuestos en que intervienen, en los que la *a-* o *ha-* inicial pasa muy a menudo a ser átona. Es el caso de *aguachirle, aguamiel* o *aguanieve*, de diminutivos como *agüita* o *alita*. Aunque sería de esperar que se emplearan con los artículos *la* y *una*, existe una marcada tendencia a utilizarlos con *el* y *un*: *el aguachirle, *un agüita*.

EL ARTÍCULO EN EL RECTÁNGULO DE JUEGO

Dentro del ámbito hispano sobre el léxico del fútbol, llama la atención la falta de unanimidad en el uso de los artículos con los nombres de los clubes deportivos.

En España, se emplean con artículo masculino: *el Barcelona, el Sevilla, el Atlético de Madrid*, puesto que se sobrentiende un término categorizador como *equipo* o *club*. Hay algunas excepciones, en particular las propias de aquellas entidades que incluyen en su nombre un sustantivo genérico o un gentilicio femenino: *la Real Sociedad, la (Cultural) Leonesa, la (Sociedad Deportiva) Ponferradina*. El caso de la Unión Deportiva Las Palmas es problemático, ya que cuando se menciona este club de forma abreviada, como es habitual, alternan el uso del artículo masculino: *el Las Palmas*, y la ausencia de artículo, probablemente porque este se percibe como redundante; en este último supuesto, la concordancia se establece tanto en masculino: *Las Palmas fue derrotado*, que es la mayoritaria, como en femenino: *Las Palmas fue derrotada*.

Aún más singular es el caso del Club Atlético Osasuna, equipo navarro, de Pamplona, cuyo nombre abreviado, de origen vasco, suele emplearse en los medios de comunicación sin artículo. Tiene su justificación, ya que en euskera significa 'salud, sanidad' e integra el artículo determinado en esa -*a* final (*osasun-a*, 'la salud'). La expresión *el Osasuna* resulta, en puridad, redundante, ya que se produce la duplicación del artículo, que aparece en castellano (*el*) y en euskera (-*a*). Sin embargo, los hispanohablantes que carecen de conocimientos de euskera no pueden ser conscientes de que el artículo está integrado en el nombre. Lo natural, por tanto, es que lo utilicen como en cualquier otro caso: *el Osasuna*.

Se produce otra excepción a la regla general con los equipos italianos, en los que suele hacerse uso del artículo femenino: *la Roma, la Juventus de Turín, la Fiorentina*. Se trata de un contagio de la lengua italiana, que sobrentiende la palabra *squadra* (aunque no de forma sistemática: *il Milan, il Napoli* o *il Torino* son masculinos). Pese a que la tendencia está ya asentada en el uso del español, introduce una nueva irregularidad.

Este contagio de los usos locales está muy extendido. En el español del Río de la Plata, la norma es prescindir del artículo (opción que se extiende, de forma menos sistemática, a otros países de Sudamérica), con lo que las denominaciones de los equipos se asimilan a los nombres propios: *Boca alcanzó la final, Peñarol sigue líder*.

LOS PLURALES SINGULARES

La voz *talibán* procede del persa *ṭālibān*, forma plural de *ṭālib* ('estudiante'), y este, del árabe *ṭālib* ('buscador de conocimiento'). Se trata, en árabe, de un plural morfológico. Aunque en un primer momento existió cierta vacilación y se utilizó en español como palabra invariable, con sentido singular y plural, acabó regularizándose el uso de *talibán* como singular, creando a partir de esta forma un nuevo plural: *talibanes*. No es un caso único: *muyahidín* y *fedayín* son también plurales en árabe, y *tuareg*, en bereber.

Esta errónea atribución de número se produce, en particular, en los préstamos de lenguas en las que no se identifica claramente la marca de plural. En italiano, con carácter general, se emplean las desinencias -*i* (para el masculino y algunos femeninos) o -*e* (para el femenino) en la formación de los plurales. *Spaghetti* es el plural de *spaghetto* (un diminutivo de *spago* ['cordón fino']). Que el término en singular se utilice con muy poca frecuencia contribuyó de forma decisiva a que en español la forma plural fuera reinterpretada como singular, dando después el plural regular *espaguetis*.

Lo mismo sucede con los nombres de otros tipos de pasta, como *ñoqui* (de *gnocchi*, plural de *gnocco*) o *ravioli* (de *ravioli*, plural de *raviolo*), y con sustantivos pertenecientes a campos semánticos distintos, como *confeti* (de *confetti* ['confites'], plural de *confetto*). Está también presente en casos en los que el término italiano aún se encuentra en vías de adaptación. Ejemplo de ello es la voz *paparazzi*, un italianismo que se usa en español como singular, pero que se corresponde con el plural de *paparazzo*. Esta palabra, como otras todavía no integradas del todo en el sistema del español, presenta ciertas peculiaridades. Conserva la ortografía italiana, pero morfológicamente está sometida a vacilación, ya que alternan el plural invariable y la forma *paparazzis*.

Se da alguna anormalidad de este tipo entre las palabras derivadas del latín. Es el caso de *adenda* ('apéndice, sobre todo de un libro'), voz que procede de *addenda* ('lo que ha de añadirse'), plural neutro del gerundivo de *addĕre* ('añadir'). El singular latino correspondiente sería *addendum*, como en inglés. Lo que no resulta adecuado es hablar de «*una *addenda*», ya que este término tiene en latín un valor plural.

PLURALES CON ESTILO

Hay plurales con escasa eficacia semántica. Aunque estilísticamente pueden ser relevantes, carecen de cualquier otro valor informativo.

Buena parte de estos plurales pertenecen a la clase de los objetos dobles: *calcetines, bombachos, vaqueros, narices, bigotes, pinzas, alicates, tenazas, tijeras*. Aquí el uso del plural —que convive con el singular: lo mismo da *ponerse el pantalón* que *ponerse los pantalones*— corresponde a la naturaleza de los objetos: están formados por dos partes iguales y simétricas. Los que hacen referencia al cuerpo humano tienen en ocasiones una función expresiva, de modo que se habla de *tocar las narices, estar hasta las narices, hinchársele las narices a alguien* o *un calor de narices*.

Con carácter general, no son, sin embargo, plurales estilísticos. Se dan en nombres concretos, abstractos, contables e incontables. ¿Qué diferencia hay entre *un funeral de Estado* y *unos funerales de Estado*? Ninguna. El uso del plural en este caso no implica la celebración de varios funerales. Lo mismo ocurre con *bodas*: las bodas de Caná a las que asiste Jesucristo no son varias, sino una sola. El uso de plurales como *funerales* o *bodas*, en la actualidad, es propio casi exclusivamente de registros formales, aunque

101

puedan formar parte de algunas frases hechas y expresiones con forma fija como *lista de bodas*.

Propios del lenguaje literario son plurales como *las nieves del Kilimanjaro, las arenas del desierto* o *las aguas del estanque*. O una expresión como *clamar a los cielos*. Incluso algunos infinitivos sustantivados admiten este plural: *sus torpes andares*. Sin embargo, en ocasiones no está muy claro en qué consiste esta función estilística, por lo que se le ha asignado un valor enfático o expresivo. Este se supone en secuencias como *tener ganas de bailar* o *tener ansias de poder*. Parece claro cuando se emplean *babas* o *pelos* en contextos como *¡Vaya pelos llevas!* (el plural no cuantifica: equivale a *pelo*) o *¡No me eches tus babas!*

También es estilístico o expresivo el uso de algunos nombres colectivos.

¿MEJOR MÁS LARGO?

Cualquier hablante atento a las idas y venidas de la lengua habrá percibido la tendencia del español actual, en especial en los lenguajes que pretenden ser formales, a la utilización de palabras largas —archisílabas, por emplear, precisamente, una voz de extensión considerable—, en el convencimiento, al parecer, de que este recurso hace más convincente o literario el discurso.

Es frecuente, por ejemplo, la abundancia de adverbios terminados en *-mente*, formados, la mayoría, sobre la base de adjetivos calificativos, a partir de su forma femenina si tienen variación de género. Así, *tranquilamente* significa 'de forma o manera tranquila', y *fugazmente*, 'de forma o manera fugaz'. Los que más han proliferado son los que se derivan de adjetivos relacionales, tradicionalmente poco frecuentes. Se trata de los adverbios de punto de vista: *técnicamente* ('desde el punto de vista técnico'), *humanamente* ('desde el punto de vista humano'), *mundialmente* ('en todo el mundo'). En ocasiones, se ha criticado el uso abusivo que se hace de unos y de otros —Gabriel García Márquez los catalogó de «vicio empobrecedor»—, pero, dejando de lado posibles cuestiones estilísticas, estos adverbios no son censurables.

Caso distinto es la propensión al estiramiento de algunas palabras, en particular cuando este resulta innecesario porque no implica cambio alguno de significado. Nos referimos a verbos como *aperturar*, propio del lenguaje bancario, neologismo que no aporta nada puesto que se usa con el mismo significado que *abrir*: *aperturar una cuenta*. Responde a la pauta de derivación «verbo → sustantivo → verbo». En la lengua hay muchas voces creadas según este mismo modelo y ya incorporadas a la norma culta. Es el caso de *ofertar* (derivado de *oferta*, sustantivo procedente de *ofrecer*), *fusionar* (de *fusión* y este de *fundir*), *influenciar* (de *influencia*, que deriva de *influir*), *tensionar* (de *tensión*, que procede de *tensar*) o *visionar* (de *visión*, derivado de *ver*). Proliferan términos como *provisionar*, *recepcionar*, *mandatar* o *direccionar*. Algunos tienen significados específicos, mientras que la utilidad de otros es más que discutible; en general, se desaconseja el uso de estos verbos derivados como simples formas alternantes de los primitivos (en este caso, *proveer*, *recibir*, *mandar* y *dirigir*).

Otras veces, los dos verbos proceden del mismo sustantivo y se emplean con idéntico significado: *valorar* y *valorizar* derivan de *valor* (y compiten, en el mismo ámbito semántico, con el omnipresente *poner en valor*, un alargamiento de otro tipo). Lo mismo ocurre con *uniformar* y *uniformizar*, o con *concretar* y *concretizar*. En general, se prefieren las voces más cortas, pero la elección de una u otra depende, sobre todo, de cuestiones geográficas o estilísticas.

El estiramiento aguarda en cada esquina. Ahí están, para demostrarlo, *intencionalidad*, que compite con *intención* (*Según el árbitro, no hubo intencionalidad en la mano*), o *funcionalidad*, que hace referencia a *función* (*El nuevo modelo añade varias funcionalidades*), o *rigurosidad*, que alterna con *rigor* (*Nos trató con rigurosidad*). Ocurre lo mismo con *tipología* y *tipo*, y con *problemática* y *problema*. El nombre que se ha dado a este fenómeno es algo rimbombante: *sesquipedalismo* (del latín *sesquipedalia verba*, expresión tomada del *Ars poetica* de Horacio con la que se critica la ampulosidad del lenguaje y que significa literalmente 'palabras de un pie y medio').

-ING, UN SUFIJO QUE QUIERE HACERSE SITIO

Desde hace décadas, la terminación inglesa *-ing*, sufijo que —en las palabras empleadas en castellano— está luchando por formar parte de sustantivos de acción, en su mayoría derivados de verbos. Algunos de los anglicismos que lo contienen se han adaptado espontáneamente prescindiendo de la *-g* final: *meeting > mitin, pudding > pudin*, y eso es lo que se recomienda, con carácter general, en los nuevos préstamos que se van incorporando a nuestra lengua: *piercing > pirsin*. Otros, como *pressing*, habitual en el ámbito deportivo hace apenas unos años, han sido sustituidos de forma gradual por los hablantes por voces propiamente españolas como *presión*.

Hay palabras muy arraigadas en nuestra lengua que presentan una seria resistencia a la adaptación o a la sustitución. Se han incluido en el diccionario académico, con la cursiva correspondiente: *camping* (para la que se recomienda *campin*), *catering* (*cáterin* es la voz aconsejable), *marketing* (que se puede adaptar como *márquetin* o, mejor, sustituir por sus equivalentes *mercadotecnia* y *mercadeo*), *lifting* (para la que se propone como alternativa *estiramiento* [*facial*]), *parking* (que, aunque puede adaptarse como *parquin*, cuenta con sustitutos como *aparcamiento* o *estacionamiento*), *ranking* (que cabe adaptar como *ranquin*, pero que es reemplazable por *clasificación* o *escalafón*) o *casting* (para el que se sugieren *castin* o, mejor, *audición*). Algunas forman parte de construcciones híbridas como *alto standing* (solo raramente aparece el anglicismo en otros contextos). Otras van perdiendo fuerza y dejan paso a voces de igual terminación (es el caso de *footing* ante *running*).

La situación parece no tener fin. Hoy son frecuentes en los medios de comunicación términos como *mobbing*, *bullying* o *crowdfunding*. Por no hablar del omnipresente *coaching*. Esta relación podría crecer de manera exponencial si se incorporan a ella voces de determinados campos o disciplinas, en los que el uso de anglicismos supone a menudo un plus de prestigio o credibilidad: *consulting*, *renting*, *vending*, *rating*, *planning*...

El sufijo *-ing* nos resulta tan familiar que los hablantes han empezado a utilizarlo de forma espontánea para crear nuevos términos a partir de palabras españolas (sobre la base de sustantivos, curiosamente, a los que se une para formar otro nuevo con significado de acción): es el caso de *puenting* (palabra ya incluida en el diccionario académico, pero en cursiva), *balconing* o *edredoning*.

No es habitual que un sufijo extranjero entre a formar parte del sistema morfológico del español, pero el fenómeno del *-ing* ahí está. Hay otros casos que presentan ciertas semejanzas. Por ejemplo, el uso del elemento compositivo *-gate* (terminación de *Watergate*), tomado también del inglés, con el que se forman nombres de escándalos mediáticos: *dieselgate*, *Pemexgate*, *Petrogate*, *Delcygate*. No se atienen a las normas, pero periodísticamente son muy expresivos.

MUJERES QUE SE HACEN VISIBLES

Uno de los cambios más significativos que ha experimentado la sociedad en las últimas décadas, la incorporación masiva de la mujer al ámbito laboral y la normalización de su presencia en la vida cultural y social, ha tenido su repercusión en los usos lingüísticos que persiguen una mayor visibilidad del género femenino.

Se registra una tendencia general a desdoblar los nombres de profesiones, cargos, títulos o actividades, creando un femenino específico. En la evolución de muchos de estos sustantivos, es habitual que los tradicionalmente masculinos pasen a ser comunes y después a tener una forma femenina propia: *el médico > el/la médico > el médico / la médica*.

El femenino de este tipo de sustantivos se forma, con carácter general, cambiando la desinencia del masculino por *-a*. Algunos, por su terminación, presentan resistencia a la creación de estos femeninos específicos, mientras que otros se adaptan con naturalidad. Entre estos últimos se incluyen aquellos cuya forma masculina acaba en *-o*, que son los más habituales: *abogada, árbitra, arquitecta, ingeniera, ministra*. También, los terminados en *-or* (*escritora, compositora, gobernadora, directora, doctora*) y los agudos que acaban en *-n* (*bailarina*) o en *-s* (*marquesa*). Sin embargo, por razones sociales o históricas, no siempre existe un femenino específico ni siquiera en estos casos. Es lo que ocurre, por ejemplo, en los grados de la escala militar, que suelen emplearse como comunes en cuanto al género: *la cabo*, *la soldado*, *la sargento*, *la capitán* (se usa más *capitana* para la mujer que dirige una nave o un equipo deportivo). También, en *la modelo* —donde no parecen existir problemas de visibilización— y *la piloto*, aunque comienza a oírse el femenino *pilota*.

El resto de las terminaciones suelen ser comunes en cuanto al género o forman el femenino con morfemas diferentes de -*a*: *abadesa*, *alcaldesa*, *reina*, *choferesa*, *poetisa* (estas dos últimas alternan con las variantes comunes *la chófer* y *la poeta*). Pero cada vez hay más excepciones: *jefa*, *jueza*, *concejala*, *fiscala*... En este paradigma se inscriben los sustantivos terminados en -*nte*, derivados en su mayoría de antiguos participios de presente: *la cantante*, *la agente*. En algunos casos se ha extendido el femenino en -*a*: *dependienta*, *intendenta*, *gerenta*, *infanta*, *sirvienta*, *presidenta*. La aceptación de estos femeninos no es unánime, y depende muchas veces de las áreas geográficas. Por tradición, se admite el uso como comunes en cuanto al género de todos estos sustantivos (salvo en el caso de *la infante*, que en algunas acepciones se percibe como anómalo), en alternancia con las formas específicas de femenino.

Existen tendencias, no reglas rígidas. Se trata de un fenómeno en evolución permanente.

MASCULINOS EN PELIGRO

En esta guerra de géneros —gramaticales—, los sustantivos terminados en *-a*, la mayoría procedentes del griego y que funcionan con carácter general como comunes, suponen un remanso de paz: *el/la atleta, el/la estratega, el/la astronauta, el/la espía, el/la demócrata, el/la jerarca.*

En este grupo se incluirían los nombres acabados en el sufijo *-ista: el/la artista, el/la pianista, el/la deportista, el/la tenista, el/la dentista.* Todos ellos comparten forma para el masculino y el femenino en aparente armonía. Con alguna excepción, que se corresponde con la idea de visibilización, pero en sentido inverso. En una profesión tradicionalmente femenina, el uso ha favorecido la creación de un masculino específico para *modisto*, que resulta anómalo desde el punto de vista morfológico, pero que ya está aceptado. Algo semejante puede decirse de *azafato*, que, sin embargo, solo se emplea en algunas áreas geográficas.

Un camino inverso ha seguido *autodidacto* ('[persona] que se instruye por sí misma'), adjetivo y sustantivo que se incorporó al español a través del francés, pero que tiene su origen en el griego *autodídaktos*. El término se recoge por primera vez en el diccionario académico en la edición de 1914 como adjetivo de una sola terminación, (con -*o*) y así se mantuvo durante más de cuarenta años. Con una forma masculina y otra femenina específicas se ha conservado hasta el momento actual (*un erudito autodidacto / una erudita autodidacta*), pero hoy resulta mucho más frecuente emplear la forma *autodidacta* también para el masculino (*un pintor autodidacta; un autodidacta*).

Lo mismo ha ocurrido en el caso de *polígloto* ('[persona] que habla varias lenguas'), cuyo origen es también griego, procede de *polýglōttos*, pero a través del latín moderno *polyglottus*. Etimológicamente, la forma adecuada sería la masculina, con una variante femenina, como la gran mayoría de sustantivos y adjetivos terminados en -*o*. En el diccionario académico figura como adjetivo de dos terminaciones desde su primera aparición, en 1803. Todavía puede emplearse de este modo (*un joven polígloto / una joven políglota*), pero, al día de hoy, lo habitual es usar la forma en -*a* también para el masculino (*un escritor políglota; un políglota*).

En los dos casos parece haberse dado un fenómeno de ultracorrección, al adaptarse los términos al modelo general de las palabras terminadas en -*a*. Según el académico Manuel Seco, «hay personas que creen que la terminación -*a* es la que mejor cuadra a estos términos cultos, tomando como modelos *poeta, exégeta, suicida*». Ha podido influir también el francés, lengua en la que los citados sustantivos son comunes en cuanto al género, pero cuya terminación en -*e* (*autodidacte, polyglotte*) pudo interpretarse como femenina. Sin duda, la influencia del francés ha propiciado la vacilación en la acentuación de *políglota*, voz preferentemente esdrújula, pero que acepta también la pronunciación llana: *poliglota* (en francés, [poliglót]).

Al mismo fenómeno de ultracorrección responde el uso de *analfabeta* como masculino propio de algunas áreas de México que, sin embargo, no ha llegado a formar parte de la lengua culta general: *Un analfabeta es aquella persona que no sabe leer ni escribir.*

PALABRAS TRANS

Un artículo mal elegido o una concordancia adjetival equivocada pueden dar al traste con la mejor intención estilística. No suele presentar dificultades la distinción entre *el cólera* ('enfermedad infecciosa') y *la cólera* ('ira, enojo violento'), entre *el orden* ('colocación según un determinado criterio') y *la orden* ('mandato'). Lo mismo cabe decir de *la corte* y *el corte*, *la parte* y *el parte*, o *la capital* y *el capital*. Son acepciones no necesariamente relacionadas —hay quienes hablan de voces homónimas— y que rara vez se confunden. Otros pares de este tipo generan más incertidumbre. No es inusual oír hablar de *la editorial de un periódico*. Puede incluso leerse en los medios de comunicación. Pero cuando este sustantivo hace referencia al artículo no firmado que expresa la opinión de la dirección de un diario, es masculino: *el editorial*. Sí es femenino, y de ahí la confusión, con el significado de 'empresa editora'.

En ocasiones, la vacilación está muy justificada, como ocurre con el sustantivo *margen*. Es masculino cuando significa 'espacio en blanco de la página', 'oportunidad para algo', 'diferencia que se prevé o se admite' y 'diferencia entre el precio de coste y el de venta'. Puede serlo, asimismo, cuando equivale a 'orilla', pero con este significado se usa generalmente como femenino: *la margen del río*. En esta última acepción es un sustantivo ambiguo en cuanto al género. También lo es *doblez* en todas sus acepciones, aunque existe cierta especialización. Con el significado de 'parte de una cosa que queda doblada o plegada' es generalmente masculino, pero suele usarse como femenino con el sentido de 'falsedad, malicia en la forma de actuar': *Me molestan la doblez y la hipocresía*. Algo semejante ocurre con *terminal*, que, a pesar de su ambigüedad general, es masculino cuando significa 'extremo de un conductor eléctrico' y femenino con el significado de 'instalación que se halla al final de una línea de transporte': *la terminal de autobuses*. Se produce mayor vacilación cuando hace referencia a un 'dispositivo conectado a un ordenador o computadora central, del que puede recibir información'.

Existen numerosos sustantivos ambiguos (*maratón, armazón, interrogante*), pero lo normal es que, cuando no hay cambio de significado, los hablantes los empleen siempre con idéntico género. Con cierta frecuencia, las alternancias se deben a factores de registro o geográficos. *Mar*, que en la lengua común es masculino, se usa entre los marineros como femenino: *la mar*. *Reúma* o *reuma* (las dos pronunciaciones son posibles y válidas) concuerdan en femenino en el español de México. En Chile, en algunas áreas de Centroamérica y también en México, es frecuente el uso de *pus* como femenino. Es habitual oír *la vodka* y *la bikini* en el español del Río de la Plata. *Tanga* es femenino en buena parte de América y masculino en España. *Pijama* o *piyama* es mayoritariamente masculino, pero en México y en zonas de Centroamérica y el Caribe se usa como femenino. *Lente* se emplea como femenino en España, pero se suele preferir como masculino en América (en plural, referido a gafas, es casi siempre masculino: *los lentes*).

Hay sustantivos que son masculinos en singular y femeninos en plural. Es el caso de *arte*. Decimos *el arte mexicano* o *el séptimo arte*, pero *las artes modernas* o *las malas artes*. El género puede resultar una categoría un tanto «líquida». Así, existen algunas palabras que podrían calificarse de «trans», palabras que, como *color* o *puente*, que eran sustantivos femeninos en el español medieval y clásico (*la color del cielo*, *la puente de Triana*), han mudado de género con el tiempo.

PREPOSICIONES QUE APARECEN Y DESAPARECEN

Probablemente, las personas de cierta edad recuerden la lista de las preposiciones del español: *a, ante, bajo, cabe, con, contra, de, desde, en, entre, hacia, hasta, para, por, según, sin, so, sobre, tras*.

A las preposiciones citadas —las de toda la vida— habría que sumar algunas más. Podríamos preguntarnos sobre el sentido de mantener en ese inventario, al menos en ámbitos no especializados, las preposiciones que han caído en desuso hace muchos años. Nos referimos, naturalmente, a *cabe* y *so*. La primera, propia de la lengua medieval, se usaba con un valor equivalente a 'junto a, cerca de' (*cabe la fuente*). El diccionario académico nos indica que en la actualidad solo se emplea en el lenguaje poético. Muy raramente, cabría añadir. Algo parecido podría decirse de *so*, que significa 'bajo, debajo de'. Pero en este caso la preposición ha pervivido en algunas locuciones, como *so pena de* ('con la seguridad de exponerse, en caso contrario, a') y *so pretexto* ('bajo el pretexto de').

No hay consenso sobre aquellas preposiciones que deberían agregarse a las arriba mencionadas, pero la gramática académica hace referencia a cuatro: *durante, mediante, versus* y *vía*. *Durante* expresa simultaneidad ('en el transcurso de'), y *mediante*, medio o instrumento ('a través de, por medio de'). Ambas proceden de antiguos participios de presente, de los que solo quedan vestigios en español. Uno de ellos es, precisamente, la expresión *Dios mediante* ('queriendo Dios').

Versus, que se ha incorporado a nuestra lengua procedente del inglés, donde se empleaba desde antiguo en el ámbito jurídico, es en realidad una preposición latina (significaba 'hacia'). Está en la raíz de palabras españolas como *adversario*, *controversia*, *perversión* o *universo*. Se emplea para expresar oposición entre dos realidades (*calidad versus cantidad*, *Ronaldo versus Messi*), pero hay alternativas como *frente a* o *contra*.

Respecto a *vía*, que procede del sustantivo correspondiente, se usa con el significado de 'por' para expresar un medio de transporte o transmisión, o el lugar por el que se pasa en un desplazamiento (*retransmisión vía satélite*, *Estambul vía París*).

UN TIEMPO EN EXTINCIÓN

El futuro de subjuntivo (*cantare, bebiere, partiere*) está en claro desuso. Procede del latín, aunque se debate acerca de la forma —o las formas— de que deriva. Tradicionalmente se empleó para expresar contingencia o conjetura en diversas estructuras sintácticas. En las construcciones condicionales (*si fuere menester...*), servía para enfatizar su condición hipotética. También aparecía en las oraciones de relativo (*haré lo que pudiere, el que faltare a la verdad...*), en las concesivas (*aunque no hubiere cumplido...*) y en otras subordinadas, como las temporales (*luego que llegare al puerto...*).

Su decadencia comenzó en el siglo xiv y se agudizó a mediados del siglo xvi. Permaneció en la lengua escrita, en la que fue desapareciendo de manera gradual desde el siglo xix. En ciertas regiones, en particular en alguna de las islas Canarias, las Antillas y otras zonas del Caribe, ha mantenido cierta pujanza hasta época reciente. Por lo demás, su uso solo es habitual en construcciones arcaizantes y, de forma muy especial, en el lenguaje jurídico y administrativo. Ha pervivido en algunas expresiones fosilizadas en la lengua común (*sea como fuere, sea cual fuere, o lo que fuere*) y en determinados refranes (*donde fueres, haz lo que vieres*).

Lo cierto es que el futuro de subjuntivo no llegó a tener una función exclusiva en la estructura del castellano. Aunque acentuaba la condición de incertidumbre, convivió desde muy pronto con otros tiempos. En la lengua prima el principio de economía. Tanto el presente de subjuntivo (*cuando llegue la lluvia...*) como el pretérito imperfecto de subjuntivo (*si la lluvia llegara...*) pueden expresar situaciones futuras. En el español actual ha sido sustituido, generalmente, por estos dos tiempos y también, en determinados contextos, por el presente de indicativo.

En lo que se refiere al futuro compuesto (*hubiere cantado*), hay que consignar que en la mayoría de los casos ha sido reemplazado por el pluscuamperfecto de subjuntivo (*hubiera* o *hubiese cantado*).

PONGAMOS UN POCO DE ORDEN

El orden de las palabras y la posición que ocupan los distintos elementos en el discurso dependen de diversos factores. Con carácter general, las lenguas que presentan mayor complejidad morfológica permiten una mayor variación en la posición de las palabras dentro de las frases. En latín resultaba sencillo identificar las funciones sintácticas por medio de las terminaciones de las palabras —los casos—, con lo que el papel del orden en la interpretación del mensaje perdía importancia. En español, las preposiciones vinieron a sustituir la distinción de los casos del latín y, junto con la concordancia y el orden en la oración, desempeñan la tarea de identificación sintáctica.

En castellano existe una relativa libertad posicional —mayor que en francés y otras lenguas románicas, y mucho mayor que en inglés—, pero con restricciones impuestas por el sistema lingüístico. El orden no marcado es «sujeto + verbo + objeto». Esta estructura básica se inscribe en una regla más general que presenta diversas excepciones: los elementos principales tienden a ir seguidos de sus complementos. Por ejemplo, el adjetivo o el complemento preposicional se posponen al sustantivo. Este orden teórico no siempre se cumple. Es cierto que los adjetivos relacionales no se anteponen, salvo raras excepciones: *la económica crisis*. Los calificativos, especialmente los epítetos (que designan cualidades características del nombre al que modifican), sí pueden hacerlo: *el frío invierno*. El cambio de orden puede implicar un cambio de significado. No es lo mismo *un problema simple* que *un simple problema* o *una obra dramática* que *una dramática obra*.

Hay elementos sintácticos que tienen una mayor libertad, como sucede con los complementos circunstanciales (en especial los adverbiales). La movilidad de otros está más restringida. Es el caso de los complementos directos, indirectos y de régimen, que, salvo cuando son sustituidos por pronombres átonos, se posponen, en general, al verbo. El orden oracional puede estar determinado por la pertinencia informativa de sus componentes. La información conocida suele anteponerse.

Aunque el sistema impone determinadas preferencias posicionales, el hablante establece con frecuencia un orden pragmático en función del contexto y la intención comunicativa.

BUSCANDO A VOS

Uno de los rasgos más característicos del español de América, en particular del área del Río de la Plata y de Centroamérica, es el voseo, es decir, el uso del pronombre *vos* como forma de tratamiento para la segunda persona del singular. El voseo americano es propio del trato de confianza y a menudo lleva aparejadas variantes específicas en la conjugación verbal, procedentes de las antiguas formas de segunda persona del plural: *¿Vos qué opinás?*, lo que no ocurre en todos los casos: *Vos tienes la culpa*. El asunto resulta muy complejo, ya que hay muchas variedades dialectales en las que el voseo tiene grandes peculiaridades.

Históricamente, el voseo, que ha sido sometido a una importante presión normativa, ha sido, al mismo tiempo, combatido y denostado. En las obras de Andrés Bello o de Rufino José Cuervo encontramos frecuentes debates sobre él. En Argentina, donde su uso está generalizado, se normalizó en la enseñanza en época reciente. En la actualidad, es la forma general del trato de confianza en Argentina, Paraguay, Uruguay, Chile, Bolivia, Costa Rica, Nicaragua y algunas áreas de Colombia, Venezuela y Ecuador.

El voseo es un arcaísmo. En la Edad Media, *vos* era el tratamiento cortés, de respeto. Primero, entre la nobleza, y después, entre iguales de toda condición. Se usaba *tú* (forma procedente del latín clásico, donde el *vos* se reservaba para varias personas) para dirigirse a los inferiores y a los niños, así como a adultos en contextos de confianza. Lo cierto es que el pronombre *vos* murió de éxito. Su uso se extendió tanto que acabó considerándose poco adecuado para el trato de respeto, de modo que desde finales del medievo comenzó a emplearse alternativamente *vuesa merced* (que evolucionaría después hacia *usted*: *vuesa merced* > *vusted* > *usted*), forma que se generaliza en el siglo XVII.

En la primera mitad del siglo, gramáticos como Ambrosio de Salazar informan de que coexisten «cuatro maneras de cortesía en nuestra lengua: una de *vuesa merced*, otra de *él*, otra de *vos*, otra de *tú*», y de que *vos* se emplea «con gente de menor estado» (*Espejo general de la gramática en diálogos* [1615]). El conocido gramático Gonzalo Correas, por su parte, puntualiza que se usa para dirigirse «a criados y mozos grandes, y a los labradores y gente semejante», así como «entre amigos donde no hay ni gravedad ni cumplimiento» (*Arte grande de la lengua castellana* [1626]). Sebastián de Covarrubias sostiene en su diccionario que «no todas veces es bien recibido».

El pronombre de cortesía pasó a ocupar una posición intermedia en el sistema de tratamiento (con *vuesa merced* y *tú* en los extremos), presentando límites cada vez menos precisos, lo que favoreció su desaparición en España, donde, a principios del siglo XVIII, casi se había perdido por completo. Solo se conservó el voseo reverencial, que, aunque también está en declive, todavía se emplea en el trato con el rey y otras personalidades: *Vos tenéis la última palabra, majestad*. Sin embargo, pudo pervivir en amplias zonas de América, en especial donde la presencia española era menos significativa, las más alejadas de las capitales virreinales y de las universidades y otros centros de irradiación cultural.

LA, LE, LO

Una de las dudas más frecuentes entre los hablantes de español es la elección de los pronombres átonos que funcionan como complemento directo e indirecto (leísmo, laísmo, loísmo). Nuestra lengua conserva parcialmente en los pronombres personales la distinción de casos del latín que se perdió en otras categorías gramaticales. En la primera persona, se usan *yo* y *nosotros* para el sujeto; *me* y *nos* para el complemento directo y el complemento indirecto, y *mí* (o el conglomerado *conmigo*) y *nosotros* para las construcciones preposicionales.

El pronombre de primera persona correspondiente al complemento directo y al complemento indirecto es el mismo: *Me llevó a casa, No me dijo la verdad*. Esta coincidencia se da también en la segunda persona: *te* (*os* en plural) se usa para el complemento directo (*¿Te llevó al hotel?*) y también para el indirecto (*Ya te he dicho que no*). En los pronombres de tercera persona, sin embargo, existen formas diferenciadas. Las propias del complemento directo son *lo* y *la* (*los* y *las* en plural): *Lo/la llevé al colegio*; *le* (*les* en plural) es la específica del complemento indirecto: *Le dijo que era un mentiroso*. A ellas se añade la forma reflexiva, *se*, que sí es común.

Desde época temprana comenzó a extenderse a estos pronombres de tercera persona la simplificación llevada a cabo en la primera y la segunda. Esta tendencia siguió una doble dirección. Algunos hablantes —los más— emplearon los pronombres *le*, *les* (procedentes del dativo latino *illi*, *illis*) para el complemento directo, lo que daría origen al leísmo. Otros utilizaron los pronombres *lo*, *la*, *los*, *las* (del acusativo latino *illum* [*illud* para el neutro], *illos*, *illam*, *illas*) para el complemento indirecto, de donde surgen el loísmo y el laísmo.

No hay unanimidad a la hora de explicar estos fenómenos. La teoría más extendida apunta que el castellano, a diferencia de lo que ocurría con el latín, que distinguía las funciones sintácticas a través de los casos —con sus respectivas formas pronominales—, tiende a diferenciar entre masculino y femenino, por un lado, y entre persona y cosa, por otro. Simplificando, el leísmo, el laísmo y el loísmo deberían acabar convergiendo en un nuevo sistema pronominal con la siguiente distribución: *le/les* para el masculino de persona; *lo/los* para el masculino de cosa, y *la/las* para el femenino de persona y de cosa.

Como ya se ha apuntado, el leísmo es el fenómeno más extendido, en particular el leísmo masculino de persona. Se documenta desde los primeros textos medievales castellanos y, a partir del siglo XIII, se irradió por casi toda España, aunque con una prevalencia mucho menor en Aragón y Andalucía. Este último hecho fue determinante para que no se expandiera —salvo excepciones— por Canarias e Hispanoamérica.

TRÍO DE FENÓMENOS EN MARCHA

El léxico de una lengua es el componente más expuesto a evolución. La gramática es más resistente. Podría decirse que más «resiliente». En ella se dan procesos que dejan entrever tendencias entre los hablantes.

Está muy extendida la equiparación de los complementos introducidos por la preposición *de* que acompañan a algunos adverbios de lugar con los complementos de posesión. En una secuencia como *detrás de Carlos*, el complemento preposicional se identifica con el de *la clase de Carlos*. Formalmente son idénticos, pero su función es diferente. El primero complementa a un adverbio (*detrás*) y el segundo, a un sustantivo (*clase*). Este último puede sustituirse por un adjetivo posesivo: *la clase de Carlos > la clase suya* (que equivale a *su clase*). En cambio, ese adjetivo posesivo no puede modificar a un adverbio como *detrás*, puesto que los adjetivos no modifican a los adverbios. Sería incorrecto, por tanto, llevar a cabo la transformación anterior: *detrás de Carlos > *detrás suyo* (no existe *su detrás*). Lo mismo ocurre con adverbios como *delante, debajo, encima, dentro* o *enfrente*. Se trata de construcciones propias de la lengua coloquial, que se han ido extendiendo a otros registros.

Otro de estos fenómenos es la discordancia de número que a veces se da entre el pronombre *le* y su referente en casos de duplicación del complemento indirecto. Ocurre en oraciones como **Le recomiendo a ustedes que se marchen* o **No le prestó ninguna atención a los papeles*, cada vez más extendidas. Cuando el complemento indirecto se elimina, el pronombre aparece siempre en plural, como corresponde: *Les recomiendo que se marchen*, *No les prestó ninguna atención*.

Completa el trío el uso del infinitivo como imperativo: **¡Venir a ayudarme!*, **¡Sentaros de una vez!* Este uso es habitual en carteles y rótulos o en ambientes poco formales.

LA NEGACIÓN QUE
NO NIEGA

En algunos contextos, la negación no niega, no aporta un valor negativo real. Se trata de construcciones en las que se puede suprimir el adverbio *no* sin cambio de significado. Por ejemplo, en un enunciado como *No mejorará hasta que (no) estudie más*, donde es claro que ese segundo *no* resulta superfluo o redundante y carece de cualquier función o, en todo caso, tiene una función enfática o expresiva. No se trata de un fenómeno exclusivo del español, está presente en otras lenguas romances.

En particular, es muy característico de construcciones temporales introducidas por la preposición *hasta*, como la que sirve de ejemplo en el párrafo anterior. Es necesaria la presencia de otra negación o de un término que funcione como inductor negativo (en redonda en los siguientes ejemplos): No *quiso subir al barco hasta que (no) me vio*; Ninguno *creíamos en sus posibilidades hasta que (no) empezó la carrera*; *Hasta que (no) veamos un crecimiento sostenido es* imposible *pensar en la recuperación del mercado*. Se trata de construcciones semánticamente equivalentes a las introducidas por *mientras* y *en tanto que*, pero en estas últimas el uso del adverbio *no* es obligatorio: *No mejorará mientras no estudie más* / *No mejorará en tanto que no estudie más*.

129

Esta falsa negación está también presente en las oraciones comparativas de desigualdad: *Es mejor que nos equivoquemos ahora que (no) posponerlo indefinidamente*. En esta clase de construcciones se suele recurrir a ella para evitar la concatenación de conjunciones (*que que*), que no se considera incorrecta, pero que resulta poco elegante: *Más vale que le des lo que quiere que (no) que tengamos que aguantarlo toda la tarde*. También es habitual en algunas oraciones exclamativas retóricas en las que se expresa cantidad, *¡Cuántas veces (no) habremos escuchado ya esa frase!*, o una cualidad o propiedad, *Cómo (no) sería su aspecto, que lo llevaron inmediatamente al hospital*.

Existen otros casos, como el de la negación que acompaña a veces a la locución *por poco* (que aquí equivale a 'casi') cuando esta aparece en posición inicial: *Por poco (no) me cargo el coche*. Más raramente, aparece en oraciones con verbos de duda o temor, con los que era bastante más usual en el antiguo castellano, en el que este fenómeno estaba sometido a menos restricciones.

La negación que no niega se denomina *negación expletiva*. También se ha llamado *negación pleonástica* o *espuria*. Sobre esta última palabra (*espurio*, que significa 'falso, bastardo, ilegítimo') no está de más incidir. Es cada vez más habitual decir, e incluso escribir, **espúreo*, con cambio de vocal e hiato.

CON MUCHO SENTIDO

El verbo concuerda con el sujeto en número y persona, aunque existen algunos casos singulares.

El más característico es el de las construcciones formadas por un sustantivo en singular de medida o de grupo (*parte, mitad, mayoría, totalidad, conjunto, montón, resto, multitud*), la preposición *de* y otro sustantivo en plural: *la mayoría de los jugadores, parte de las profesoras, un grupo de jóvenes*. Cuando estas construcciones funcionan como sujeto, pueden concordar con el verbo en singular o en plural: *La mayoría de las armas llegó/llegaron tarde*; *Un sinfín de alumnas se manifestaba/manifestaban en las puertas de la facultad*.

La segunda concordancia, que parece anómala, se denomina *ad sensum*, es decir, por el sentido, o lógica (más formalmente se puede llamar *silepsis*), y responde a la percepción del hablante de que el sustantivo plural —que en teoría funciona como complemento— ejerce como núcleo del sujeto. Puede establecerse incluso cuando se elide el complemento: *La mitad se retrasaron*. Es la única recomendable con el verbo *ser*: *Un tercio de los votantes son abstencionistas*. Determinados sustantivos de cantidad (*infinidad, cantidad, multitud*) se usan sin determinante:

Infinidad de problemas ocupan su mente (y no **ocupa*), *Multitud de ciudadanos colaboraron en la colecta* (y no **colaboró*). Esto se debe a que, en la práctica, *infinidad de* y *multitud de* funcionan aquí como una locución, lo que no ocurre cuando se construyen con artículo: *Una multitud de factores influye/influyen en el bienestar del ser humano.*

La doble concordancia también se da cuando los cuantificadores son sustituidos por sustantivos de clasificación (*especie, clase, tipo, género, variedad*): *Este tipo de fenómenos atrae/atraen la atención de los periodistas, Solo le gusta/gustan esa clase de frutas.*

Es también frecuente en la construcción *uno de los que*, en la cual, como en el caso anterior, la presencia de un elemento singular (*uno*) y otro plural (*los que*) causa vacilación: *Juan es uno de los que no votó/votaron, Yo soy una de las que cree/creen en la justicia.* Puesto que el sujeto es *los/las que*, la concordancia en plural es la más correcta, pero se admite también la concordancia en singular, incluso cuando se elide el pronombre *uno*: *Ese joven es de los que iba/iban con vuestro hijo.*

LOS NOMBRES DE LOS COLORES

Cuando los nombres que designan colores (*blanco, rojo, azul, verde, amarillo, negro*) complementan a un sustantivo, funcionan como adjetivos plenos y concuerdan con él en género y número: *pantalones azules, camisa blanca, campos amarillos.*

Otro tipo de nombres de color, los que proceden de materias u objetos —muchos de ellos flores, frutos o piedras preciosas— se caracterizan por una tonalidad peculiar, se identifican con ella y acaban dándole nombre: *naranja, rosa, lila, violeta, cereza, esmeralda, salmón, mostaza, perla.* Cuando estos nombres de color acompañan a un sustantivo, pueden o no concordar con él. Es decir, en unos casos, se comportan como adjetivos: *balones naranjas, pañuelos violetas*, en otros, como sustantivos en aposición: *balones naranja, pañuelos violeta.*

En las ocasiones en que estos nombres de color se hallan a su vez modificados por otro o por un adjetivo (*claro, oscuro, fuerte, pálido*), lo habitual es que ambos elementos se mantengan en singular y en masculino: *flores rojo oscuro, toldos rosa pálido, cristales verde botella.* Por tanto, *rojo, rosa* y *verde* se comportan como sustantivos en aposición.

Se dan a veces concordancias del tipo *ojos verdes claros,* que plantean algunos problemas lingüísticos como la ambigüedad: ¿son claros los ojos verdes o es el color verde el que es claro?

RAREZAS

Un enunciado aparentemente anodino como *se lo llaman* —propio del español europeo— constituye una verdadera rareza en la sintaxis de nuestra lengua.

Este uso del verbo *llamar* con el significado de 'aplicar a alguien una denominación o calificativo' se construía en latín con doble acusativo (el caso que se corresponde con el complemento directo). Desde los orígenes del castellano, existió vacilación entre los pronombres *le* (el propio del objeto indirecto) y *lo*, *la* (los propios del objeto directo) para sustituir el complemento de persona: *A menudo [a Manuel y Carlos] los/les llaman infantiles*. La vacilación persiste en la actualidad, pero, dado que se trata de un complemento directo (como demuestra el hecho de que pasa a ser sujeto en la construcción pasiva: *A menudo Manuel y Carlos son llamados infantiles*), se recomienda el uso de los pronombres correspondientes (*lo*, *la*, *los*, *las*).

El asunto se complica cuando se emplea también un pronombre para sustituir al otro complemento, el predicativo (*infantiles* en el ejemplo): *A menudo se lo llaman*. Esa secuencia de pronombres, *se lo*, debería corresponder a un complemento indirecto (*se*) y un complemento directo (*lo*), ya que, cuando ambos coinciden, los pronombres átonos de tercera persona que se usan para el complemento indirecto (*le, les*) se convierten en *se*: *Dio un abrazo a Ana* > *Le dio un abrazo a Ana* > *Se lo dio*. En este caso, como se ha visto, no existe complemento indirecto.

El *lo* de *Se lo llaman* no se corresponde con el complemento directo (que debería ser la forma masculina plural *los*), sino que es un pronombre neutro que hace las veces de predicativo (equivale a *infantiles*). Se trata de una anomalía que comparte con el verbo *decir*: *Le dijo sinvergüenza a Juan* > *Se lo dijo*. Nos preguntamos: si *lo* no es el complemento directo, ¿qué palabra cumple esta función? La respuesta no ofrece dudas: se trata del pronombre *se*, caso único en la lengua española.

ANDINISMO GRAMATICAL

La influencia de las lenguas amerindias, sobre todo del quechua —la lengua del Imperio inca—, pero también del aimara, es manifiesta en los distintos planos lingüísticos del español del área andina. Se extiende por una región que abarca desde el sur de Colombia hasta el norte de Argentina, y tiene puntos de irradiación en las sierras de Ecuador y Perú y en el altiplano de Bolivia.

Los diminutivos se usan habitualmente en toda Hispanoamérica. En el área andina llegan a afectar a los numerales cardinales: *Antes llegaban unito o dosito nomás*. Algunos sufijos quechuas se han adaptado directamente al español. Es el caso del posesivo de primera persona *-y*, que aparece en zonas rurales: *hermanoy* ('mi hermano'), *agüelay* ('mi abuela'). En muchas ocasiones se lleva a cabo la duplicación del posesivo: *su casa de María*. A veces se produce un cambio de orden: *de mi mamá su hermana*. Este orden anómalo (rasgo característico del español andino) se manifiesta también en determinados compuestos que reproducen la estructura del quechua: *alcohol panza* (adjetivo que equivale a 'panza de alcohol, alcohólico').

Los casos de discordancia de número y género son recurrentes. En áreas menos escolarizadas es frecuente la doble negación expletiva (como en Paraguay, por influjo del guaraní, y en el País Vasco y Cataluña, en España): *Tampoco no he hecho nada malo*. A veces, se eliden los pronombres átonos de complemento directo: *[Lo] Preparan y toman en la tarde*. O se usan de forma anómala las preposiciones (error bastante extendido) con los adverbios demostrativos: *en aquí, a allí*.

En lo referente a las formas verbales, se emplea el futuro con valor imperativo en la sierra ecuatoriana y en los Andes colombianos: *Darasme la chicha*; *Haraste el gasto y donarás la plata*. La construcción «hacer (de) + infinitivo», en ocasiones con significado peculiar, está extendida en todo Ecuador: *hace de trabajar* toma el significado de 'trabaja'. El quechua también está en el origen de «mandar + gerundio», que tiene cierto carácter expeditivo: *El padre le mandó sacando a su hijo de la casa*. En sentido opuesto, la combinación «dar + gerundio», usada en oraciones imperativas o interrogativas, resulta cortés: *Deme avisando al doctor*. En otros contextos, sin embargo, esta misma construcción puede implicar sustitución en la acción: *Todo quieren que les dé haciendo* ('todo quieren que se lo haga'). En algunas áreas de Bolivia, en Perú y en el noroeste argentino se usan *qué diciendo* y *qué haciendo* en lugar de 'por qué', 'para qué' o 'cómo'. En la sierra ecuatoriana, estas mismas expresiones pueden dar a entender rechazo enfático en construcciones exclamativas: *¡Qué haciendo!* ('¡ni hablar!').

Pues y *nomás*, pospuestos y con valor enfático o atenuador, tienen un uso muy extenso junto al imperativo. Aunque se registra en el español del Siglo de Oro, también se atribuye a la influencia del quechua el empleo adverbial de *pero* como equivalente de *sin embargo*, propio de algunas áreas de Perú: *No vienes, pero*. También se han registrado determinados usos de *todavía*, que sustituye a *encima* o *para colmo*: *Ganó el mundial, y todavía hizo gol en la final.*

Sin entrar en cuestiones fonéticas y fonológicas, merece la pena resaltar que el rasgo más característico en estos campos es la vacilación entre las vocales *i* y *e*, por un lado, y *u* y *o* por otro: *ispañol* (por *español*), *lichi* (por *leche*). Es lo que se denomina *motoseo* (se emplea *mote* para designar el error en el habla o en la escritura, y *motoso* es quien incurre en él).

MÁS QUE PALABRAS

EL ERROR, MOTOR
DE LA LENGUA

En muchos casos, las equivocaciones o errores que se cometen en la lengua acaban por enriquecer el idioma.

A medida que las lenguas romances peninsulares a lo largo del medievo ganaban terreno al latín, el uso de este se fue reduciendo, quedando limitado a algunos ámbitos, uno de los cuales fue el de la liturgia, donde se mantuvo hasta el Concilio Vaticano II, ya en la segunda mitad del siglo xx. Los fieles escuchaban en la iglesia un discurso que resultaba incomprensible para la mayoría de ellos. En ocasiones, se produjo una reinterpretación de términos y expresiones. A este respecto llama la atención el caso de la voz *sursuncorda*: *Ni aunque lo mande el sursuncorda*. En la misa, tras escuchar la palabra *sursuncorda*, los fieles se ponían en pie, lo que dio lugar a que esa voz latina se entendiese como si se refiriese a una persona importante. Una malinterpretación semejante padeció *in diēbus illis*, que significa 'en aquellos días'; por mediación de un falso corte de palabras del pueblo iletrado, la fórmula se convirtió en *busilis* —hoy en retroceso—, voz que de manera coloquial alude al 'punto en que estriba la dificultad del asunto de que se trata'.

Las uniones o separaciones equivocadas de palabras en las frases se denomina *reanálisis*, y ha generado términos y expresiones como *atril* o *al alimón*. La palabra *atril* procede de un hipotético *lectorīle*, del latín *lector, -ōris* ('lector'), que en su evolución al romance dio *latril*. Se produjo después una falsa partición: [*l*]*atril*, al considerar los hablantes que la *l* correspondía al artículo. El nombre de *alalimón* designa un juego infantil cuyos participantes cantaban unos versos que empezaban con el estribillo «alalimón, alalimón». De la errada división de esta voz —al considerar *al* como contracción— deriva la locución *al alimón* ('conjuntamente').

Caso singular es la expresión *no hay tutía*, que se emplea para señalar que no hay esperanza o que algo no tiene remedio. Al vocablo *atutía*, derivado del árabe hispano *attutíyya*, que designaba un ungüento curativo preparado a base de cinc, le fue arrebatada la *a* inicial. Una vez perdida la noción de ese *tutía*, se procedió a separarlo en dos: *tu tía*, identificando espuriamente a dicho miembro de la familia. La reinterpretación ha triunfado y está registrada en los manuales de la Real Academia.

CRUCES *OSTENTÓREOS*

Se ha llamado *malapropismo* al vocablo que se incorpora al discurso como sustituto de otro con el que tiene semejanzas, sobre todo fonéticas, pero cuyo significado es claramente distinto. Tal denominación parece relacionarse con el francés *mal à propos* ('inoportuno', 'equivocado'), pero se debe al nombre de un personaje de la obra *Los rivales* —del dramaturgo irlandés del siglo XVIII R. B. Sheridan—, la señora Malaprop, que cae a menudo en este tipo de equivocaciones provocando gran hilaridad.

Como recurso literario ha sido empleado por Shakespeare —en *Mucho ruido y pocas nueces* es característico de uno de los personajes, Dogberry— y por Cervantes —en las *Novelas ejemplares* o en el *Quijote,* donde Sancho es audaz creador de tales barbarismos—.

Con frecuencia, este tipo de errores se deben al deseo de emplear expresiones que se consideran propias de un registro más culto: **ínsulas, *bote sinfónico, *luz genital, *rintintín, *surgir efecto, *rebanarse los sesos, *enderezar la ensalada, *inyección de ursulina, *ser un desecho de virtudes, *tener una conjetura muscular, *una fotografía de cuerpo presente* (por *de cuerpo entero*), **nadar en la ambulancia...* En ocasiones, el cruce de dos formas culmina en fusiones extrañas, como *ostentóreo (a partir de *ostentoso* y *estentó-reo*) o *poner los nervios de gallina (de *poner de los nervios* y *tener la carne de gallina*). Algunos están muy incorporados al habla cotidiana y acechan en cada esquina. Es el caso de *inflingir, combinación de *infligir* e *infringir*.

CUANDO NOS PASAMOS DE LISTOS

Algunas veces «corregimos» errores donde no los hay. A este fenómeno, que afecta a todos los ámbitos de la lengua, se le ha denominado *ultracorrección*. Ya se ha hecho mención del añadido de la *d* intervocálica en voces como *bacalado* o *Bilbado*, o del uso de **espúreo* (por *espurio*), al igual que ocurre en **geráneo* (por *geranio*).

Es un tipo de error muy frecuente en el plano fonético-ortográfico. En él se inscribe, por ejemplo, la distinta pronunciación de la *b* y la *v*, letras que en español son equivalentes fonéticamente desde el siglo XVI, aunque su distinción solo dejara de recomendarse a principios del siglo XX. Es también un fenómeno de ultracorrección el empleo de *x* en voces que comienzan por *es-*, como *escéptico*, *espléndido* u otras de su familia, por influencia del prefijo *ex-*: **excéptico*, **expléndido*, **explendor*. O la duplicación de la *c* en *inflación*, *discreción* o *contrición* (**inflacción*, **discrección*, **contricción*), ya que erróneamente se considera que se produce en el habla una relajación del grupo *-cc-*. Muy habitual en áreas seseantes es la enmienda ilegítima de términos que se escriben con *s*: **idiosincracia* (en vez de *idiosincrasia*, por analogía con *aristocracia* o *democracia*), **aprehención* (por *aprehensión*: **El juez dictó una orden de búsqueda y aprehención*).

147

La ultracorrección también se manifiesta en el ámbito gramatical. Se emplean con cierta frecuencia plurales latinos como *curricula* o *referenda* (en vez de *currículums* o *referéndums*) en voces ya incorporadas a nuestra lengua. Se recurre al imperativo —que con tanta frecuencia es sustituido por el infinitivo— en construcciones negativas: *¡Niños, no hablad!*, cuando en este caso lo que procede es el uso del subjuntivo. También puede considerarse ultracorrección el uso de la preposición *de* con el verbo *deber* cuando este expresa obligación: *Debes de ir*. Está en la base de dos fenómenos tan extendidos como el queísmo y el dequeísmo, o al menos ha contribuido de forma significativa a su difusión. Para evitar el queísmo se incurre en el dequeísmo (el uso indebido de la preposición *de* ante la conjunción *que*, en especial en las oraciones subordinadas sustantivas: *pienso de que*, *opino de que*, *a medida de que*). Algunos hablantes, por el contrario, al intentar evitar el dequeísmo desembocan en el queísmo (la supresión indebida de la preposición que antecede a la conjunción *que*: *estoy convencido que*, *no cabe duda que*, *hasta el punto que*).

El prurito de hablar con más propiedad, de remedar el estilo culto, está en la base de esta clase de fenómenos.

CASOS MUY POPULARES

Hay determinados errores que han acabado triunfando incluso en ambientes cultos. Nos referimos a la reinterpretación etimológica de algunas palabras a la luz de su significado y su similitud fonética con otras, lo que determina un cambio de forma. Buen ejemplo de ello es el término *cerrojo*, que deriva de la voz latina *verucŭlum* ('barra de hierro'). Su evolución natural condujo en lengua romance a *verrojo*, que se conserva como regionalismo en algunas áreas de España. ¿De dónde procede, entonces, la forma actual? Parece claro que del cruce con *cerrar*, la función propia de dicha barra (se documenta también antiguamente *ferrojo*, es probable que por cruce con el étimo de *hierro* [*ferrum*], cruce que sí acabó prosperando en portugués, donde dio lugar a *ferrolho*).

A este fenómeno se le denomina «etimología popular» y conserva toda su vigencia en el español actual. Así, la mandarina, por su facilidad para pelarla o mondarla, pasa a llamarse vulgarmente **mondarina*, obviando su verdadero origen etimológico. Otro caso sería el de la sustitución errónea de **destornillarse* por *desternillarse* porque esta acción, la risa no contenida, se identifica de forma figurada con la pérdida de uno o varios tornillos, y no con la rotura de las ternillas o cartílagos. Lo mismo ocurre con *vagamundo*, que llegó a formar parte de la lengua culta y que hoy se considera vulgar. Se emplea en lugar de *vagabundo* porque no se identifica el sufijo *-bundo* (del latín *-bundus*, que expresa intensidad en adjetivos derivados de verbos), también presente en *errabundo*, *moribundo*, *furibundo* o *meditabundo*, y tiene más sentido aparente la forma antietimológica: quien anda errante «vaga por el mundo».

Una variante de este fenómeno se produce cuando la etimología popular no conduce a un cambio formal, sino a una reinterpretación semántica. Por ejemplo, hoy se entiende por *miniatura* cualquier 'objeto artístico de pequeñas dimensiones', pero el término proviene del italiano *miniatura*, y este del latín *miniāre* ('pintar en rojo'), derivado a su vez de *minium* ('minio'), porque en origen se aplicaba a la operación de pintar los títulos de un libro con este óxido. Por extensión, se llamó así a las imágenes que ilustraban los manuscritos —que se caracterizan por su pequeño tamaño— y después a cualquier pintura de dimensiones reducidas. El salto semántico final estaba servido, pero es claro que en este proceso influyó decisivamente la coincidencia formal con la raíz latina que en español ha dado lugar a voces como *mínimo*, *minucia*, *minuendo* o *disminuir* (y a través del inglés, al prefijo *mini-*).

La reinterpretación etimológica puede conducir a la creación de nuevas voces. Es lo que ha ocurrido a partir de *bikini*, que tiene su origen en el nombre de un atolón de las Islas Marshall. Su primera sílaba se identifica instintivamente con el prefijo *bi-* ('dos'), por las dos piezas de que se compone la prenda.

COCRETAS, MURCIÉGALOS Y OTROS FENÓMENOS PARANORMALES

El proceso que ha dado lugar al vulgarismo *cocreta* está bien documentado en la historia del español. Se denomina *metátesis* y consiste en un cambio de lugar de ciertas letras en una palabra.

La palabra *murciélago* puede servir de ejemplo. Si se recurre de nuevo al diccionario, se comprueba que la variante *murciégalo*, hoy percibida también como vulgar, sí está recogida, aunque con la marca correspondiente. El término originario es, precisamente, *murciégalo*, derivado de las voces latinas *mus*, *muris* ('ratón') y *caecŭlus*, un diminutivo de *caecus* ('ciego'). En este caso, la metátesis se documenta al menos desde el siglo XIII y no tardó en pasar a la lengua culta. El primer diccionario académico, *Autoridades*, recoge, ya en 1734, las dos variantes (junto a un curioso *murceguillo*).

Son muchas las palabras del español que deben su forma actual a este fenómeno. Otro caso representativo es el de *cocodrilo*, que, como señala Covarrubias en su célebre *Tesoro* (1611), «está corrompido [...] de *crocodilo*» (como en inglés: *crocodile*). Al igual que en el caso de *murciégalo*, fue el término etimológico el que acabó perdiéndose. En realidad, aunque la voz latina original era *croco-*

dīlus, derivada del griego *krokódeilos*, de *króke* ('canto rodado, guijarro') y *drīlos* ('gusano, lombriz'), en el latín medieval ya se empleaba *cocodrillus*.

Lo mismo ocurrió con *peligro*, que proviene del latín *perícŭlum*. Normalmente, esta voz debería haber evolucionado a *periglo* (como en italiano [*pericolo*]), variante que se documenta en el habla hasta el siglo XVI. O con *milagro*, que deriva de *miraglo* (como en francés y catalán [*miracle*], o en italiano [*miracolo*]), del latín *mirácŭlum*, voz que todavía se registra en el actual diccionario de la Real Academia, aunque con marca de desusada (ya se considera en desuso en el *Diccionario de autoridades*, en el siglo XVIII). Otros casos son los que se refieren a *palabra* (del latín *parabŏla*), *guirnalda* (de *guirlanda*, variante hoy perdida en el habla), *alimaña* (del latín *animalia*) o *costra* (del latín *crusta*, raíz que se ha conservado en *crustáceo* o *incrustar*). El fenómeno alcanza a los topónimos: *Argelia* (en catalán *Algèria*, en gallego *Alxeria*, en francés *Algérie*, en inglés *Algeria*, es fácil percibir la presencia del artículo árabe *al*) debe su forma actual a una metátesis.

En la lengua popular, la metátesis ha dado origen a voces como **dentrífico* (que se usa equivocadamente por *dentífrico*, del latín tardío *dentifrĭcum*, derivado en última instancia de las voces latinas *dens, dentis* ['diente'] y *fricāre* ['frotar']), **metereología* (empleada en vez de *meteorología*, del griego *meteōrología*) o **neardental* (por *neandertal*, del valle alemán de Neander).

PALABRAS PARADÓJICAS

«Vísteme despacio, que tengo prisa» es un enunciado paradójico. Paradójico es lo que implica paradoja, término que se utiliza para referirse al 'hecho o expresión aparentemente contrarios a la lógica'. Es un recurso habitual en el ámbito literario, como el cercano oxímoron, es decir, el uso en una misma frase de dos palabras o expresiones de significado opuesto. Al margen de intenciones estilísticas, la paradoja está presente en algunas voces del lenguaje cotidiano.

La palabra *decálogo* designa, en primer lugar, el conjunto de los mandamientos de la ley de Dios, que son diez. Esta voz procede del latín tardío *decalŏgus*, tomada del griego bizantino *dekálogos*, de *deka* ('diez') y *logos* ('palabra o expresión'). Por extensión, hace referencia a cualquier relación de prescripciones o recomendaciones básicas para el desarrollo de una actividad, «aunque no sean diez», como apostilla el diccionario académico, lo que causa cierta perplejidad. ¿No está ahí el elemento compositivo *deca-*? Muy semejante es el caso de *cuarentena*, que remite al aislamiento preventivo al que tiene que someterse una persona o un colectivo por motivos sanitarios y que no ha de ser necesariamente de cuarenta días. El nombre se debe a que en origen la duración de estos con-

153

finamientos era de ese tiempo —así fue al menos durante la epidemia medieval de peste negra—, puede que como recuerdo de las cuarenta jornadas que Jesucristo permaneció en el desierto haciendo frente a las tentaciones del demonio.

En las voces anteriores, la paradoja salta a la vista. Otras veces, esta suerte de trampantojo es menos evidente. El adjetivo *álgido* es un cultismo que procede del latín *algĭdus*, que significa 'muy frío'. Con aparente ambigüedad, el término se empleaba en contextos médicos para designar el momento en que una enfermedad llegaba a su punto crítico. De ahí a la acepción de 'momento crítico o culminante' extendida en la actualidad solo hay un paso. En determinados contextos —pueden alcanzar un punto álgido negociaciones o protestas— su significado se acerca mucho al del adjetivo *caliente*, aunque en sentido figurado. Menos sutil es la oposición entre las acepciones del verbo *enervar*. Si en sentido recto su significado ('debilitar, quitar las fuerzas') es el que corresponde al étimo latino (*enervāre*), en el habla común equivale hoy a 'poner nervioso', significado procedente del francés. Parecido es el caso de *lívido* (derivado del latín *livĭdus*), adjetivo que etimológicamente remite a 'amoratado', primera acepción del diccionario académico, hoy en regresión. El significado que se ha ido imponiendo es 'intensamente pálido'.

Los hablantes imponen su propia lógica en el lenguaje. ¿Cómo explicar, si no, la permanencia de términos enquistados que aluden a situaciones o costumbres superadas? Todavía *se cuelgan* los teléfonos, aunque los aparatos telefónicos de pared ya sean auténticas reliquias, y *se tira de la cadena*, elemento inexistente en los inodoros modernos.

¿ESPAÑOL CAÑÍ?

Hay prácticas y costumbres que articulan el acervo cultural de un país. Son realidades que muchas veces atienden más al imaginario colectivo —reforzado desde el exterior— que a la identidad de una nación y que conforman una visión castiza y con frecuencia estereotipada. En estas cuestiones, como en tantas otras, la lengua ofrece sorpresas.

Si preguntáramos a una persona cualquiera por alguna de estas realidades genuinamente españolas, es muy probable que incluyera entre ellas el jamón. Una especialidad culinaria tan española como la paella (voz tomada del valenciano y que procede del latín *patella*, 'sartén, plato en que se cocía la vianda y se servía a la mesa') está fuera de toda duda. Pero resulta que *jamón* procede del francés *jambon*, derivado de *jambe* ('pierna', que en español dio *jamba*). La voz tradicional castellana era *pernil*, del latín *perna* ('pierna, especialmente de animal').

El término *siesta*, que ha tenido éxito internacional, procede de la expresión latina *sexta* [*hora*] ('[hora] sexta'), la correspondiente al mediodía. Determinar con certeza la evolución de *flamenco* resulta más difícil. No parece existir duda de que remonta su origen al neerlandés *flaming* ('natural de Flandes'), pero se desconoce cómo llegó el término a aplicarse al cante y el baile. Menos oscura resulta la procedencia de *tapa* (probablemente del gótico *tappa*, una voz hipotética) si se atiende a la definición del diccionario académico de 1936, fecha en que esta acepción se recogió por vez primera: «Ruedas de embutido o lonjas finas de jamón que sirven en los colmados, tabernas, etc., colocadas sobre las cañas y chatos de vino».

La palabra *chotis* procede del alemán *schottisch*, 'escocés'. Se trata de un baile de origen centroeuropeo, muy conocido en diversos países del continente a mediados del siglo XIX e inspirado en danzas campesinas escocesas y que llegó a suelo germano a través de Francia. Con distintas peculiaridades, se adoptó también en el área del Río de la Plata y México.

PALABRA CULTA, PALABRA PATRIMONIAL

Aunque a lo largo de los siglos el léxico español ha ido incorporando términos de muy diversa procedencia, en su mayoría deriva de voces latinas que entraron a formar parte de nuestra lengua desde sus orígenes y que evolucionaron históricamente siguiendo determinadas leyes fonéticas. Estas palabras han recibido el nombre de «patrimoniales». Es el caso de *ojo*, que procede de *ocŭlus*. La misma raíz latina está presente en voces como *ocular* u *oculista*, pero estas se incorporaron más tardíamente, y por vía culta, a la lengua española. No han seguido la evolución que sería esperable, como pone de manifiesto la pervivencia del grupo *-cŭl-* latino, que en castellano acabó transformándose en *-j-*: *cunicŭlus* > *conejo*, *auricŭla* > *oreja*. Estas palabras, ya procedan del latín (la gran mayoría), ya del griego, o estén formadas por elementos de ambas lenguas, se denominan *cultismos*. Desde esta perspectiva, términos como *ojo*, *ojal*, *ojeras*, *ojeriza* o *aojar* se oponen a *óculo*, *ocular*, *oculista* o *inocular*. Sin embargo, la oposición no es absoluta, porque existe un buen número de palabras que han conservado parcialmente la forma etimológica pero han sufrido una cierta evolución fonética conforme a las normas del español. Son los semicultismos.

La incorporación de los cultismos al español está vinculada a determinados ámbitos —son muy frecuentes en la terminología técnica, que suele recurrir a las raíces grecolatinas para la formación de neologismos— y a épocas históricas concretas. La primera oleada significativa se produjo en pleno medievo, a través del mester de clerecía. Con la difusión del humanismo en el siglo xv, el gusto por la literatura grecolatina y la tendencia latinizante incorporó una nueva remesa. Existió una tercera en el Siglo de Oro, vinculada al culteranismo (de ella se burla Quevedo en el opúsculo *La culta latiniparla* [1624], «catecismo de vocablos para instruir a las mujeres cultas y hembrilatinas», en el que ironiza con mordacidad sobre el estilo gongorino).

Muchas de esas palabras cultas resultaron efímeras, pero otras se consolidaron en la lengua romance, desplazando con alguna frecuencia a las patrimoniales. No es raro, sin embargo, que pervivan ambas. A este fenómeno se le denomina *doblete* (existen también tripletes, pero son raros). A veces, estos dobletes son equivalentes o casi equivalentes desde el punto de vista semántico. Es el caso de *rápido* y *raudo* (de *rapĭdus*), de *ruptura* y *rotura* (de *ruptūra*), o de *ánima* y *alma* (de *anĭma*). Pero se han generado algunas especializaciones en las que se ha asignado a las formas patrimoniales un sentido más concreto y material, y a las cultas un carácter más abstracto y un significado más cercano al etimológico. *Delicado* y *delgado* (de *delicātus*), *recitar* y *rezar* (de *recitāre*), o *materia* y *madera* (de *materia*) son muestras de ello. Hay dobletes cuyos significados son claramente diferentes: *cátedra* y *cadera* (de *cathĕdra*), o *dígito* y *dedo* (de *digĭtus*). A veces, es una diferencia solo aparente, como ocurre en *sigilo* y *sello* (de *sigillum*), ya que *sigilo*, según figura en el diccionario académico, es sinónimo de *sello*.

PALABRAS QUE VIENEN
Y VAN

Hay voces que se encuentran en proceso de desaparición y que, sea por moda o porque adoptan un nuevo uso, disfrutan de una segunda oportunidad. Valga como ejemplo un término como *proletario*, que procede del latín *proletarius*, 'pobre', derivado a su vez de *proles*, 'prole'. En Roma, se denominaba así a los ciudadanos que podían tener hijos y cuyo censo no superaba una determinada cantidad, por lo que estaban exentos de impuestos. Este sentido de la voz se documenta a finales del siglo xv, pero solo se recoge en el primer diccionario académico, en el siglo xviii, como adjetivo aplicado al autor «de poca nota». Como señala el diccionario, prácticamente carecía de uso. Pero el significado original cobró fuerza, ya entrado el siglo xix, probablemente por influencia primero del francés y después del *Manifiesto comunista*, en el que Marx y Engels lo identificaron, en el sistema capitalista, con el trabajador asalariado.

Un caso semejante es el de *burgués*, término que es utilizado por algunos autores de la época medieval, entre los que se cuentan Berceo o el Arcipreste de Hita. Sin embargo, la palabra desaparece después. De ello deja constancia el primer repertorio académico (1726), que lo recoge con el significado propio de la época, «el vecino o natu-

ral de alguna villa o ciudad», y especifica que «es voz tomada, y de poco tiempo acá introducida del francés». Su uso
posterior es poco sistemático. En la segunda mitad del siglo XIX, el vocablo ya es empleado en su sentido actual.

Aunque la secuencia histórica sea muy diferente, resulta significativa de este tipo de fenómenos la revitaliza-
ción de la que ha disfrutado en los últimos tiempos el
término *arroba* (del árabe hispánico *arrúb'*, y este del árabe clásico *rub'*, 'cuarta parte'). En época medieval se empleaba en referencia a una unidad de peso o de capacidad
—con distintos valores según las áreas— y se encontraba
en clara regresión cuando su símbolo (@) comenzó a utilizarse en el ámbito informático, de modo que su nombre
está viviendo una nueva edad de oro.

Otro ejemplo de palabra errante es la voz *popurrí*
('mezcla de varias cosas distintas' y 'composición musical
formada por fragmentos de varias obras'), que procede del
francés *pot pourri* y que, literalmente, significa 'olla podrida'.
Se documenta en la segunda mitad del siglo XVI (en el quinto libro de *Gargantúa y Pantagruel*, de Rabelais) y es un
calco de la que da nombre a un conocido plato de la gastro-
nomía española, que además de carne, tocino y legumbres
incorpora jamón, aves, embutidos y otras viandas. El término evolucionó después en francés, y en el siglo XIX se incorporó de nuevo, convenientemente adaptado, al español,
con los significados figurados que había ido asumiendo.

ACRÓNIMOS MUY COMUNES

La voz *acrónimo* hace referencia a un tipo particular de sigla que, por la disposición de sus letras, puede ser pronunciada como una palabra, es decir, no hay que deletrearla. Es lo que ocurre, por ejemplo, con *ONU* ([ónu]) o con *TIC* ([tík]) frente a *IPC*, que se pronuncia [i-pe-cé], nombrando cada letra. Todo acrónimo es una sigla, pero no toda sigla es un acrónimo.

Los acrónimos, como cualquier otra sigla, se escriben con mayúscula. Pero cuando, por su uso repetido, el hablante pierde conciencia de su formación, el acrónimo se lexicaliza y se integra en el sistema de la lengua, ya como nombre propio, ya como nombre común. Sigue entonces las reglas generales de escritura y se escribe con mayúscula inicial en los nombres propios: *Unicef* (*United Nations International Children's Emergency Fund*), *Renfe* (*Red Nacional de los Ferrocarriles Españoles*), e íntegramente en minúscula en los nombres comunes: *opa* (*oferta pública de adquisición*), *uci* (*unidad de cuidados intensivos*), *ovni* (*objeto volador no identificado*). La lexicalización es un proceso gradual, por lo que es habitual que durante un tiempo convivan las dos grafías: *ere* o *ERE* (*expediente de regulación de empleo*), *mir* o *MIR* (*médico interno residente*).

Las siglas son invariables en plural, pero cuando los acrónimos se lexicalizan se comportan como cualquier otro sustantivo. El plural de *radar* (*radio detecting and ranging*) sería *radares*. El de *módem* (*modulator* y *demodulator*), *módems*. Por lo que respecta al género, suele estar marcado por el sustantivo que constituye el núcleo de la expresión. En el caso de *AMPA* (*asociación de madres y padres de alumnos*), lo correcto sería *la AMPA* (o *la ampa*), ya que se trata de una asociación (a las siglas no les afecta la regla general que prescribe el uso del artículo *el* cuando un nombre femenino empieza por *a* tónica: se usa *la* o *el* en función del desarrollo de la sigla: *el ALCA* [*Área de Libre Comercio de las Américas*]). Lo mismo ocurre con *sida* (*síndrome de inmunodeficiencia adquirida*), cuyo género masculino viene determinado por el de *síndrome*. No obstante, existen diversas excepciones, en especial en los acrónimos de origen foráneo, probablemente porque han entrado en nuestra lengua más como préstamos que como acrónimos. Así, una voz como *láser* (*light amplification by stimulated emission of radiation*) es masculina, a pesar de que el sustantivo español correspondiente a su núcleo (*amplification* ['amplificación']) es femenino.

La acronimia es uno de los recursos de la lengua para la creación léxica y, dada la proliferación de siglas, goza de buena salud. Existen otro tipo de acrónimos, vocablos formados por segmentos de dos o más palabras, en general, el principio de la primera y el final de la segunda (no es raro que la segunda se conserve íntegra): *ofimática* (de *oficina* e *informática*), *cantautor* (de *cantante* y *autor*), *amigovio* (de *amigo* y *novio*), *teleñeco* (de *televisión* y *mu-*

ñeco). Se trata de un tipo de composición de escasa tradición en nuestra lengua, pero que vive momentos de auge por influencia del inglés, aunque existen voces de indiscutible filiación castiza como *choripán* (de *chorizo* y *pan*) que parecen desmentirlo.

EL TODO POR LA PARTE

La metonimia, junto con la metáfora, es un factor que contribuye al enriquecimiento del vocabulario. Gracias a la metonimia, la relación existente entre dos realidades —ya sea por su proximidad física o temporal, o por la asociación lógica que se establece entre ambas— permite utilizar el nombre de una de ellas para referirse a la otra. Atendiendo a la naturaleza de esa vinculación entre los términos, cabría distinguir entre metonimia y sinécdoque, aunque podría considerarse que esta última es, en sentido amplio, un tipo particular de metonimia.

La metonimia recurre al desplazamiento del sentido recto del vocablo, aumentando así las posibilidades expresivas de la lengua. Para ello cuenta con el contexto. Como resultado, cabe nombrar algo tomando el efecto por la causa —las *arrugas* por la vejez— o a la inversa, la causa por el efecto, y decir que *el sol se soporta mal* para expresar que hace calor.

También se recurre al uso metonímico del lenguaje cuando se toma a un autor por su obra —y se dice, por ejemplo, que *ese Picasso cotiza al alza* o que a cierta edad *uno disfruta leyendo a Cervantes*— o se utiliza el signo en lugar de aquello que significa: *ceñir la corona* implica asumir la autoridad monárquica.

Hay aún otras posibilidades. El continente puede servir para expresar aquello que contiene. Una persona adulta sin mayores problemas gástricos puede tomarse *dos tazas de té*. Del mismo modo, todo el mundo entiende que si *Barcelona sale a la calle*, la ciudad no es estrictamente el sujeto de la manifestación, sino sus habitantes. A veces, el lugar de origen de un producto termina por imponerse como denominación del propio producto, lo que ocurre, por ejemplo, con el *champán* (de Champagne, Francia), o con el *cabrales*, un queso de España y nombre de un concejo asturiano. En ambientes periodísticos o literarios cabe hablar de la mejor *pluma*, ya que resulta habitual que el instrumento designe al agente que hace uso de él.

También serían metonimias recurrir a una parte de algo para designarlo en su totalidad —las *cabezas de ganado* son, como parece obvio, los animales completos—, o nombrar la materia con que un objeto ha sido fabricado para referirse a dicho objeto —*clavar el acero* se identifica con clavarle a alguien la espada—.

UNA FIGURA MUY PRODUCTIVA

La metáfora es una importante fuente de creación léxica, o mejor dicho, de ampliación semántica. Gracias a ella, las voces ya existentes asumen nuevos significados. La figura consiste en designar una cosa con el nombre de otra sin establecer una comparación expresa entre ellas. Son metáforas, por tanto, *araña* cuando hace referencia a un tipo de lámpara o *brazo* como pértiga articulada de una grúa. La metáfora es, junto con la metonimia y la sinécdoque, el fenómeno que más contribuye a la polisemia (la pluralidad de significados de una palabra). Ahí están para atestiguarlo la *boca del cañón*, la *boca del río* o la *boca del metro*. O el *ojo de un puente*, el *ojo de una aguja* o el *ojo de la cerradura*. La metáfora acecha detrás de multitud de expresiones.

En ocasiones, las metáforas son recurrentes y crean verdaderas redes conceptuales que no pueden considerarse arbitrarias, sino que responden a una percepción social o cultural. La jerga deportiva —de la que se hablará más adelante— emplea como recurso sistemático el lenguaje bélico. A ámbitos muy diferentes pertenece la idea del saber como luz del entendimiento o la razón, capaz, por tanto, de *iluminar* o *alumbrar* (*ilustrar* deriva del latín *illustrāre*, propiamente 'iluminar, alumbrar'), pero también de *aclarar*, *clarificar* o *esclarecer*. Se dice de una persona que tiene *claridad mental* o, por el contrario, que *tiene pocas luces*. Se habla del *Siglo de las Luces* para referirse al siglo XVIII, que vio nacer la Ilustración. Del mismo modo, el discurso se identifica como un continuo, representado a menudo por el hilo u otra fibra textil (al igual que la vida, que ha sido simbolizada por la lana que hilaban las parcas en su rueca). Se puede *perder el hilo* del discurso, pero también *retomarlo,* o añadir algo *al hilo de las palabras* de otro. Además, las ideas se *hilvanan, pegar la hebra* equivale a 'hablar prolijamente' y *dar carrete* o *dar cuerda* es 'propiciar que alguien se explaye en la conversación'. Si el discurso se alarga, puede llegar a ser un *rollo* y a quien se excede se le pide que lo *corte* o que no se *enrolle*. La identificación del lenguaje con lo textil viene de antiguo. No en vano, la voz *texto* proviene del latín *textus*, que en sentido recto significa 'trama', 'tejido'.

Algunos casos parecen sugerir que el proceso de formación de metáforas va más allá de lo cultural. En español, se usan *niña de los ojos* o *pupila* (tomado del latín *pupilla*, diminutivo de *pupa*, utilizado propiamente con el significado de 'niña' o 'huérfana') para designar la abertura situada en el centro del iris por donde penetra la luz, quizás porque esta actúa como un espejo, reflejando la imagen del observador, que aparece como una figura diminuta. Así lo explicaba Sócrates. Evidentemente, la metáfora estaba ya presente en el griego antiguo, donde se empleaba *kórē* en el mismo sentido. Con ligeras variantes, tal identificación se produce en más de treinta lenguas del mundo, incluidos el sánscrito y el hebreo, algunas de ellas sin ninguna relación entre sí.

CÓMO PASAR
A LA HISTORIA

La eponimia es un procedimiento para la creación léxica en virtud del cual una persona, un lugar o una cosa «ceden» su nombre, de forma que este pasa a denominar un pueblo, una ciudad, una enfermedad, etc. Es una herramienta para la formación de neologismos en ámbitos médicos, científicos y tecnológicos. Alois Alzheimer prestó su apellido a una alteración neurológica degenerativa, el del ingeniero alemán Rudolf Diesel sirvió para nombrar el motor de combustión interna que utiliza gasóleo como combustible y la británica Ada Lovelace brindó el suyo al lenguaje de programación Ada.

La voz *epónimo* procede del griego *epốnymos*, propiamente 'sobrenombre' (de *epi-*, 'encima, sobre', y *-ốnymos*, 'nombre'). Su tradición se remonta a la Antigüedad, cuando era habitual que cada ciudad, territorio, pueblo o tribu tuviera su héroe epónimo. En la actualidad, se recurre a la eponimia con frecuencia en ámbitos menos trascendentes, en particular, en la prensa deportiva. La voz *pichichi*, por ejemplo, proviene del apodo de un famoso goleador del Athletic Club de Bilbao. Otras voces, como *cholismo* (en alusión al entrenador de fútbol argentino Cholo Simeone), son de reciente formación.

A los nombres de sus creadores o difusores se deben: *guillotina* (de Joseph Ignace Guillotin), *besamel* (de Louis de Béchamel, marqués de Nointel) o *estraperlo* (acrónimo de D. Strauss y J. Perlowitz). Más inmediata resulta la filiación de voces como *barrabasada* (de Barrabás, el preso judío al que Poncio Pilato concedió el indulto) o *estajanovismo* (del minero soviético Alexéi Grigoriévich Stajánov, convertido en héroe nacional tras extraer ciento dos toneladas de carbón en menos de seis horas). *Filípica* ('invectiva, censura acre') remite al discurso que pronunció el orador Demóstenes para atacar al rey Filipo II de Macedonia.

El término *cesárea* se vincula con la tradición que mantenía que el César había nacido por este procedimiento. Especialmente curiosa es la procedencia de una voz como *bártulos*, que deriva del célebre jurisconsulto italiano del siglo XIV Bártolo de Sassoferrato, autor de libros de uso común en las universidades que eran conocidos por su nombre. Los *bártulos* eran herramientas imprescindibles para los abogados y, por extensión, acabaron designando cualquier tipo de enseres o utensilios. Más reciente es el origen de *moscoso*, día de libre disposición de que gozan en España algunos trabajadores, derivado del nombre del ministro Javier Moscoso, que instituyó la prerrogativa en 1983.

En 1880, la intransigencia de Charles Cunningham Boycott, administrador de fincas del conde de Erne en el condado irlandés de Mayo, provocó la reacción de los colonos, que suspendieron toda relación con él, obstruyendo la producción y venta de la cosecha. La lengua inmortalizó el hecho con el término *boicot*. En el apellido de Charles Lynch, oficial revolucionario que ordenó la ejecución de un grupo de lealistas de Virginia durante la guerra de Independencia estadounidense tras un juicio irregular, tiene su origen el verbo *linchar.* Cabría citar también *nicotina, leotardo, sándwich, saxofón, mausoleo...*

En el ámbito geográfico, las islas Filipinas deben su denominación a Felipe II. El nombre del territorio «descubierto» por Colón procede del navegante y geógrafo italiano Américo Vespucio, que a comienzos del siglo xvi lo identificó como un nuevo continente.

HISTORIAS DE ÉXITO

La incorporación al léxico común de palabras que en origen fueron nombres comerciales es un fenómeno que viene de antiguo y se basa en la identificación de un producto con una marca registrada determinada, de manera que el objeto correspondiente, sea de la marca que sea, pasa a llamarse con ese nombre. Son historias de éxito, tanto mercantil como lingüístico.

Una de estas historias es la del futbolín (también conocido en América por otros nombres: *metegol*, *futbolito* o *tacataca*, por ejemplo), cuya paternidad —muy discutida— se ha atribuido a un gallego de curiosa peripecia vital, Alejandro Finisterre, quien lo habría patentado en plena Guerra Civil. Otro juego de mesa que debe su denominación a una marca comercial es el pimpón. Nacido en el Reino Unido a finales del siglo XIX por iniciativa de James Gibb, fue la firma de artículos deportivos John Jaques la que lo registró con el nombre de *ping-pong*, voz que evoca el ruido de la pelota de celuloide sobre la raqueta —entonces de pergamino— y la mesa.

La bañera de hidromasaje debe su nombre actual a Candido Jacuzzi, miembro de una familia de inmigrantes italianos establecidos en Estados Unidos, que a comienzos del siglo xx fundaron la empresa homónima, especializada en la fabricación de bombas hidráulicas. Primero surgió la idea de sumergir una bomba en una bañera con agua —con fin terapéutico, para tratar dolencias reumáticas— y más adelante se integraron en ella los chorros. Había nacido el *jacuzzi*, nombre con el que se registró en los años sesenta.

Caso particular es el de Michelin, cuya penetración en el vocabulario castellano se debe a la popularización del icono de la empresa francesa de neumáticos, una figura de apariencia humana formada por la superposición de varios de ellos, que se identifican con los pliegues generados por la acumulación de grasa, las lorzas o *michelines*.

En español abundan los vocablos lexicalizados a partir de marcas registradas ideadas para designar un material. *Formica, pladur, uralita, teflón, neopreno, nailon, tergal, escay* o *licra* son algunos de ellos. Entre los productos higiénicos o cosméticos, se encuentran voces como *gillette* —que mantiene la cursiva en la escritura, como extranjerismo crudo— o *clínex* —en este caso con adaptación desde el nombre original, *Kleenex*—, *támpax, vaselina* y *rímel*. También fueron marcas registradas *tirita, mercromina, aspirina, típex, pósit, birome, táper, tetrabrik, zotal, DDT, chupachup, gominola* y *dónut*.

CÓMO DECIR LO QUE NO SE PUEDE DECIR

A veces se emplean palabras y expresiones en sustitución de otras consideradas poco amables, malsonantes, ofensivas o vulgares, percibidas como tabú. Se entra entonces en el terreno del eufemismo, con el que se pretende evitar realidades desagradables o incómodas. A la inversa, cuando la intención es degradar algo o a alguien, ridiculizarlo y manifestar desprecio, se recurre al uso de disfemismos: giros, perífrasis o vocablos que arrastran de sus significados originales un componente peyorativo. El disfemismo es anticonvencional, frente a su opuesto, que busca respetar lo que por consenso se establece como adecuado.

Recurrir al eufemismo es costumbre antigua y muy productiva en la lengua. El término *cementerio* procede del latín tardío *coemeterĭum*, que, a su vez, deriva del griego bizantino *koimētḗrion*, cuyo significado era 'dormitorio'. El paralelismo que en ciertos momentos se establece entre morir y dormir viene de lejos, y se ha mantenido en el tiempo. El *sueño eterno* hace referencia a la muerte.

El eufemismo da fe de la vitalidad de la lengua, de su capacidad para buscar alternativas expresivas. La cuestión es evidente en la terminología económica, en especial en coyunturas de crisis: *desaceleración*, *crecimiento negativo*, *movilidad exterior, disminución de las oportunidades laborales, ajuste de plantilla, copago, austericidio, rescate* o *naufragio.*

También se utiliza el eufemismo para suavizar realidades que se perciben como especialmente duras: *hibernación* (parón de la economía), *investigación por tráfico de influencias, mayores* o *tercera edad, personas en riesgo de exclusión social, tercer mundo, sur global, isla ecológica* (área de reciclaje), *cese temporal de la convivencia, fake news, daños colaterales* o *conflicto armado.*

REDUNDANDO

El diccionario académico define el término *pleonasmo*, en su segunda acepción, como 'redundancia viciosa de palabras'. Desde esta perspectiva, la expresión *accidente fortuito* debe considerarse pleonasmo ya que todo accidente lleva aparejada la condición de imprevisto o inesperado, es decir, la cualidad de casual. Si decidiéramos que cualquier redundancia implica incorrección, eliminaríamos usos expresivos o enfáticos característicos de la lengua. Así, afirmamos con naturalidad que una persona vio un acontecimiento *con sus propios ojos* o que *jamás en su vida* lo vio. Son expresiones redundantes pero no incorrectas. La lengua es redundante, aunque estilísticamente algunas redundancias sean poco recomendables. No es casual que el pleonasmo se considere, por una parte, vicio del lenguaje y, por otra, figura retórica.

En tanto que 'asignación de día, hora y lugar para verse y hablarse dos o más personas', toda cita implica anticipación, lo cual hace innecesario hablar de *cita previa*. No obstante, tal expresión suele aludir a la que se gestiona a través del teléfono o de medios telemáticos y se caracteriza por cierta especialización, a nadie se le ocurriría concertar una «cita previa» con unos amigos. En principio, si alguien prevé, es que se ha anticipado, de manera que *prever con antelación* debería considerarse un uso pleonástico. Cosa distinta es que se pretenda expresar algo que ha sido previsto con mucha antelación. Algo similar sucede en la secuencia *actualmente en vigor*, donde el adverbio es obviamente innecesario.

Hay redundancias que el uso ha ido normalizando. El diccionario académico recoge, por ejemplo, *nunca jamás*, *lapso de tiempo* o *panacea universal*. Son expresiones redundantes, pero están muy extendidas en la lengua culta. A ellas pueden sumarse otras como *erario público* (*erario* es sinónimo de *hacienda* y alude a bienes públicos) o *tasa de mortalidad* (la mortalidad es una tasa, es decir, pone en relación dos magnitudes). Sin embargo, resulta incuestionable que al discurso que *hace apología en defensa de la sanidad pública* le sobran las palabras *en defensa* porque las apologías nunca están en contra de algo o de alguien, sino a favor. También, que divisas son extranjeras con respecto a la unidad monetaria del país de que se trata, que no hay más túnel que el túnel subterráneo ni nexo que no sea de unión, que todo colofón se sitúa al final, y que es difícil bifurcarse en más o en menos de dos.

TE QUIERO, MAMA

Algunas palabras o expresiones propias del habla popular o rural, hoy desprestigiadas, están sustentadas en razones etimológicas o históricas.

Ya se ha dicho con anterioridad que la forma *murciégalo*, considerada vulgar en la actualidad, es en realidad la más fiel al étimo latino, y que *almóndiga*, aunque no es la variante etimológica (procede del árabe andalusí *albúnduqa*), tuvo uso suficiente en la lengua culta. Nadie duda hoy de que la primera persona del plural del presente de indicativo del verbo *haber* es *hemos* y no la regular *habemos*, que se considera un vulgarismo cuando funciona como auxiliar: *Nos habemos equivocado*. Con valor semejante a 'somos o estamos' es bastante habitual en la lengua popular de algunos países americanos: *Habemos cinco*. En realidad, este uso concordado de *haber* fue común en el español antiguo, como también la forma *habemos*, que nos queda como resto en la locución *habérselas*: *No sabes con quién nos las habemos*. Un camino semejante siguieron las formas del presente de subjuntivo *haiga* y *haigas*.

No como vulgares, pero sí como populares, se perciben también los hipocorísticos *papa* ('padre') y *mama* ('madre'), pronunciados como voces llanas. Pero aunque

177

ahora la pronunciación aguda sea general en el uso culto de España y América, estas voces derivan de las formas latinas *papa* ([pápa]) y *mamma* ([máma]), y se emplearon en español hasta el siglo XVIII. Las variantes actuales se deben al influjo del francés, por entonces la lengua de prestigio.

La acentuación antietimológica ha triunfado en numerosas palabras, también entre los cultismos. Un término como *toballa* tiene origen germánico (de un hipotético *thwahljô*), que vaciló durante largo tiempo hasta acomodarse en su forma actual (*toalla* procede de la voz intermedia *tobaja*, que todavía puede escucharse en Andalucía). *Toballa*, que se percibe hoy como vulgar, tuvo uso abundante entre los siglos XV y XVII —la usó el propio Quevedo—. Se registra ya en el primer diccionario académico y no fue considerada voz anticuada hasta la edición de 2014.

En la actualidad, también se consideran vulgarismos o formas rurales *ansí* y *asín* (tal como *asina* y *ansina*), que funcionaron como variantes morfológicas de *así* desde antiguo. La forma que tuvo más prestigio fue *ansí*, utilizada copiosamente en época medieval y clásica. Sin embargo, en el siglo XVIII, cuando se publica el primer diccionario académico, se califica como «voz antigua, y de poco uso en lo moderno». En la segunda edición de este diccionario se apostilla que «tiene algún uso entre la gente rústica». La forma *asín*, menos extendida, triunfó en Aragón y en el área oriental de la península ibérica. Del crédito de ambas variantes —en particular de la primera— dejan constancia los principales escritores castellanos de la época: Berceo, el Arcipreste de Hita, Lope de Vega, Quevedo o Cervantes. En la lengua, muchos de los usos populares tienen asiento histórico. Ahí están para atestiguarlo voces como *melecina*, *dotor*, *dotrina*, *norabuena* o *eruto*.

REPERTORIO ARCAIZANTE

El arcaísmo es un elemento lingüístico cuya forma o significado, o ambos a la vez, resultan anticuados. Se trata de expresiones o palabras que en el pasado fueron de uso común, pero que con el tiempo han ido perdiendo vigencia entre los hablantes o han sido reemplazadas por términos alternativos.

Ya se ha hecho mención de algunas preposiciones o del uso del futuro de subjuntivo en el lenguaje administrativo y jurídico, que, como el campo de los dichos populares y los refranes, es un reducto de arcaísmos léxicos o sintácticos. En él se conserva, en expresiones fijas, la forma *ha*, correspondiente a la tercera persona de singular del presente de indicativo del verbo *haber*: *La protesta no ha lugar*, que puede encontrarse también (con el significado de 'hace') en construcciones temporales: *Tiempo ha que no lo veo*. Son asimismo arcaicas las formas de imperativo *he* y *habed*, aunque la primera se ha fosilizado en fórmulas como *he aquí*, *henos ahora* o *hete aquí*, empleada esta última para introducir en el discurso un acento de sorpresa.

Por lo que respecta a otros verbos, están hoy en retroceso las formas de raíz irregular de *placer* ('agradar o dar gusto'). *Plugo*, *pluguiese* o *pluguiere*, variantes cultas gene-

179

rales en el español clásico, perviven sobre todo en el uso literario. Recurso arcaizante —salvo en áreas del noroeste de España— y propio de la lengua escrita es el empleo de los pronombres enclíticos con las formas verbales conjugadas (*trájome, díjonos, diose*), con la excepción, claro está, del imperativo.

En la actualidad es poco usual el empleo de determinados sustantivos derivados de un verbo y terminados en *-miento* (*afligimiento, destruimiento*), de los adverbios *do* por *dónde* o *donde*, y *doquiera* por *dondequiera*, del adjetivo *grande* con el sentido de 'abundante', en lugar de la forma apocopada *gran* (*Padece un grande dolor*), o de *cuál* como adverbio exclamativo para significar 'de qué modo' («¡Cuál gritan esos malditos!», escribe Zorrilla en el *Tenorio*). El apócope de las voces *primera* y *tercera* cuando acompañan a un sustantivo femenino (*la primer mañana*), el uso del demostrativo seguido de posesivo (*esta mi casa*) o la construcción «*como* + verbo copulativo» (*La cuestión, absurda como era, fue rechazada*) también han caído en desuso.

Las áreas rurales son más proclives a conservar los arcaísmos, que también tienen elevada presencia en el español de América. A veces, la línea que los separa de los cultismos, de los usos poéticos o populares es difícil de determinar. Ejemplos de usos de registro fronterizo son: *acullá*, adverbio demostrativo por *allá* o *más allá*, *asaz* por *bastante*, *harto, -ta* como adverbio indefinido, en lugar de *muy*, en enunciados como *Estoy harto cansado*, la locución adverbial *por doquier*, expresiones como *¡Ah de la casa!* o el verbo *yantar* en sustitución de *comer*.

JUVENTUD, DIVINO TESORO

Con frecuencia, la pertenencia a un grupo queda reforzada por el empleo de un léxico particular, con vocación más o menos críptica, que contribuye a marcar la diferencia de un colectivo frente a otros y afianza la unidad entre sus integrantes. Es lo que ocurre con el lenguaje de adolescentes y jóvenes, que reutiliza vocablos y giros y que presenta novedades con características propias, entre las que cabría citar la influencia del inglés y de la comunicación digital.

El primero de estos rasgos ha dado en España expresiones como *estar living* ('estar genial'), *estar chillin* ('estar tranquilo') o, en sentido contrario, *ir a full*. *Crush* alude al flechazo o a un amor platónico, y *shipear* es juntar a quienes hacen buena pareja. *Random* (que también se usa con el significado de 'normal, que no destaca') califica lo inesperado y, en buena medida, extraño: cuando alguien acude a una fiesta a la que no ha sido invitado se dice que *se acopla*. *Hacer un next* equivale a 'ignorar a alguien'. *Sentir cringe* ('encogerse') se emplea en situaciones que generan vergüenza ajena.

El registro idiomático de los jóvenes tiene una importante deuda con las redes sociales. El acrónimo *LOL* (del inglés *lots of laughs* ['montones de risas'] o *laugh out loud* ['reír en voz alta, a carcajadas']) se emplea en mensajes de texto, de donde habría pasado al habla coloquial para indicar que algo es muy gracioso o causa gran sorpresa. Caso similar es el de *RT*, de *retuit*, que se expresa oralmente [erreté] para corroborar o suscribir una opinión, y alterna con voces como *literal* o *cien por cien*, también muy utilizadas, o con ¡*de una!* (sustituto de ¡*claro que sí!*).

Otros vocablos que parecen haber superado la barrera del tiempo son *mogollón*, *debuti* (variante de *de buten*), *guay*, *movida* o los vocativos *tronco* y *tío*, con sus respectivos femeninos. A ellos se han unido los más actuales *brother* —o su acortamiento *bro*— y, en castellano, *hermano*. Parte de este léxico intergeneracional lo constituyen verbos como *flipar* o *petarlo* ('triunfar, hacerlo muy bien', aunque *petado* significa 'lleno'). También *rollo*, que, sin embargo, asume significados nuevos: ¿*Cenamos algo rápido, rollo* ['como, del tipo de'] *pizza o hamburguesa?* Hace poco, las cosas *molaban mazo*, ahora siguen *molando*, pero el término *mazo* ('muy' o 'mucho') ha adquirido vida propia: *Hay mazo que estudiar*. Puede usarse alternativamente *to* (*to buena*), apócope que, como sucede con *pa* (*está pa chóped*), se emplea con independencia del nivel sociocultural. También ha resistido *chungo*, aunque a veces cambie su condición de adjetivo por la de sustantivo. Cuando a alguien le da *un chungo* es que algo le sienta mal. Determinado tipo de *chungo*, asociado a sustancias estimulantes y que a veces hace *potar* o *echar la raba*, es el *amarillo*.

Algunas de las expresiones habituales entre adolescentes y jóvenes proceden del mundo del cine (*vivir en Mordor* ['vivir muy lejos'], alusión a la saga de *El señor de los anillos*) o del lenguaje musical, donde hay que mencionar el reguetón, género con especial influencia en el habla juvenil hispanoamericana: *papichulo*, *perrear*, *gozadera*, *jan-*

guear (de *hang out*, 'salir con los amigos') o su derivado *jangueíto*. Vocablo relacionado con el *trap* es *racheta* (del inglés *ratchet*, término en origen despectivo para referirse a las chicas de barrio, que hoy define el estilo de las seguidoras de esta modalidad musical).

En el ámbito de las relaciones, se *tiran fichas* para seducir, y se tilda de *boquerones* a los que *no se comen* o *jalan una rosca*. Cuando algo gusta o merece la pena, *cunde*, *renta* o *safa* y, en sentido contrario, se *suda* de algo o de alguien que no interesa. Otros usos y expresiones son *hacer bomba de humo* ('abandonar un lugar'), *motivado*, *malrro* (de *mal rollo*) o *pro*. Como ejemplo de la parquedad de algunos jóvenes hablantes, consignaremos dos respuestas que parecen tener como objeto poner fin a una conversación: *ni tan mal* o *sin más*.

DE DONJUANES, CELESTINAS, QUIJOTES Y ROBOTS

No son pocos los personajes de la literatura universal que deambulan por las conversaciones cotidianas sin que los hablantes seamos siempre conscientes de estar utilizando un léxico vinculado al mundo de las letras.

Se puede ser el *lazarillo* de alguien, ir por la vida de *quijote* o tener para el flirteo el desparpajo de un *donjuán* —sinónimo de *tenorio* o *casanova*—. Hay quien se comporta como una *celestina* enredando a unos y a otros en materia amorosa o padece el trato de una *cenicienta*, o quien vive aislado como un *robinsón*. Son formas de expresión con un parentesco literario claro. Más oscura resulta la relación de la voz *pánfilo* con el nombre del manipulable e ingenuo protagonista de un poema satírico-amoroso escrito en el siglo XII en latín, *Panphilus*. El nombre propio del personaje procede de la unión de dos voces griegas, *pan* ('todo') y *philos* ('amante'), que juntas aludirían a la inclinación del infeliz a amar en exceso (o confiar en todos). Conocer la filiación del adjetivo *estentóreo* exige cierta familiaridad con el mundo clásico. El adjetivo califica las voces retumbantes y ruidosas, y remite a un personaje de la *Ilíada*, Estentor, heraldo de los aqueos de voz tronante.

Uso frecuente tienen: *pamela*, que procede del nombre de la protagonista de *Pamela o la virtud recompensada* (1740) —novela del británico Samuel Richardson—, que suele lucir un sombrero de alas anchas, *mentor*, de *Méntōr*, el consejero de Telémaco en la *Odisea*, *lolita*, la adolescente seductora y provocativa que remite a la obra de Nabokov, o *sífilis*, de *Siphylo*, en castellano Sífilo, el personaje del poema pastoril del humanista y médico italiano Jerónimo Fracastoro «De morbo Gallico» (1530), castigado con el mal por su impiedad. Menos usual resulta designar *fígaro* al barbero, voz que tiene que ver con el representante de tal oficio que aparece en tres comedias del dramaturgo francés del siglo XVIII, Beaumarchais, que alcanzaron notable éxito en la ópera: *El barbero de Sevilla*, *Las bodas de Fígaro* y *La madre culpable*.

Ejemplos de adjetivos derivados de personajes literarios son: *rocambolesco* (de *Rocambole*, protagonista de peripecias e intrigas sin cuenta en los folletines de Pierre Alexis Ponson du Terrail a mediados del siglo XIX), *pantagruélico* (del gigante *Pantagruel*, creación del francés Rabelais en el siglo XVI), o *panglosiano* (a partir de ese optimista recalcitrante que es Pangloss, el personaje de la novela *Cándido*, de Voltaire).

Caso particular —por no ser un personaje humano— es el de *robot*, vocablo checo derivado de la voz *robota* ('trabajo') que llegó desde el inglés, idioma que lo habría recogido, a su vez, del nombre propio de un androide que aparece en la obra teatral *R. U. R. (Robots Universales Rossum)*, de Karel Čapec, estrenada en 1921.

EL CINE EN LA LENGUA

Pocas expresiones transmiten un mensaje más optimista que la afirmación de que todo va *de cine* o *de película*. Todos endendemos que las cosas, las que sean, van 'de maravilla, extraordinariamente bien'. Los hablantes identifican el séptimo arte con cierta idealización de la realidad. La influencia que el cine ha ejercido la cultura desde comienzos del siglo XX es incuestionable y, directa o indirectamente, ha dejado huella en la lengua.

No son pocas las voces de origen cinematográfico que han penetrado en el léxico general. Algunas han protagonizado un auténtico salto al vacío en su proceso de lexicalización. A la película de Alfred Hitchcock *Rebeca*, estrenada en 1940, debe su nombre la chaqueta femenina de punto provista de botones en la parte delantera. Era la prenda que vestía la protagonista del filme, interpretada por Joan Fontaine, que no representaba a Rebeca, sino a la segunda mujer del protagonista masculino, sobre quien sobrevuela la sombra de Rebeca, la primera mujer.

La expresión *luz de gas* procede del filme *Gaslight* (George Cukor, 1944), adaptación de la obra teatral homónima, traducido como *Luz de gas* en Hispanoamérica y como *Luz que agoniza* en España. En el lenguaje coloquial, se alude con dicha expresión a la manipulación ejercida sobre alguien con el fin de hacerle dudar de la veracidad de sus razonamientos y sus percepciones y minar su autoestima. Gregory (Charles Boyer), a través de efectos sonoros y lumínicos, hace que su esposa (Ingrid Bergman) dude de sí misma y quede totalmente supeditada a su voluntad.

La factoría Disney popularizó para todos los públicos un célebre cuento del italiano Carlo Collodi con la realización, en 1940, de la película animada *Pinocho*. Pepe Grillo, uno de sus personajes, es el encargado de reconducir los pasos de esta marioneta de madera convertida en un pequeño mentiroso compulsivo. Hoy, aunque este uso no haya sido recogido en el diccionario académico, cualquiera identifica como un *pepito grillo* a la persona que hace las veces de conciencia crítica en una actividad o un grupo.

Cabe mencionar otros dos célebres personajes cinematográficos —aunque el primero proceda del ámbito literario— que se han instalado en el habla cotidiana. Se denomina *tarzán* al 'hombre de complexión atlética, generalmente atractivo', y se da el nombre de *bambi* al 'cervato o ciervo joven'.

Menos inmediata es la relación con el cine de dos voces como *friki* y *paparazzi*, ya lexicalizadas en sus respectivas lenguas de origen, de donde se habrían incorporado al español por la vía del préstamo. *Friki* remite a la película de Tod Browning *Freaks* (1932) —conocida en España como *La parada de los monstruos* y como *Fenómenos* en Hispanoamérica—. *Paparazzi* se deriva del nombre del fotógrafo Paparazzo, de *La dolce vita* (1960) de Fellini.

Sin embargo, no tiene un origen cinematográfico —al menos directamente— la voz *charlotada* ('festejo taurino cómico', 'acto colectivo ridículo o grotesco'), que remite, en efecto, a Charlot, pero no al personaje creado por Charles Chaplin, sino al torero bufo Carmelo Tusquellas, que lo remedaba en su vestimenta y actitudes.

ABRIR LA CAJA
DE PANDORA

La presencia de los mitos clásicos en el arte, la literatura y el pensamiento ha sido una constante a lo largo de los siglos y muy especialmente a partir del Renacimiento. No puede resultar sorprendente, por tanto, el gran número de términos que, introducidos por vía culta, hunden sus raíces en la mitología clásica: *adonis, hercúleo, hermafrodita, fauna, morfina, narciso, océano, pánico, quimera, sirena* o *volcán*.

De manera intuitiva se relacionan los tentáculos colgantes de la *medusa* marina con la temible criatura de abundante cabellera a la que venció Perseo. Coloquial y despectivamente, se ha identificado al híbrido cruel de águila y fémina de la mitología griega, la *arpía*, con la mujer malvada. A medio camino entre águila y león se encuentra el fabuloso *grifo*, guardián de los tesoros en el mundo clásico. Su figura adornaba las fuentes públicas, en las que el agua surgía de sus fauces abiertas, de ahí su significado general de 'llave situada en la boca de una cañería'.

La voz *dédalo* —nombre del constructor del mítico laberinto del rey Minos— se lexicalizó para designar una intrincada sucesión de calles y encrucijadas. Desde que el geógrafo Mercator publicara en el siglo XVI su colección cartográfica, el gigante Atlas que, en la portada, soportaba sobre sus hombros el globo terráqueo (aunque el titán mitológico fuera condenado en realidad a sostener la bóveda celeste y no la Tierra), dio nombre a cualquier recopilación de mapas.

Quizá resulte más desconocido el mito de Anfitrión, rey de Tirinto, a quien Zeus suplantó para tener relaciones con su esposa, argumento abordado por Plauto en una de sus obras y que Molière llevó a la escena en el siglo XVIII, contribuyendo así a la introducción del vocablo en el léxico común cuando uno de sus personajes, el criado, sabedor de la farsa, proclama que «el auténtico Anfitrión es el Anfitrión que ofrece la cena». Puede que no todo el mundo sepa, además, que del nombre del sirviente, Sosias, procede el correspondiente sustantivo común que significa 'persona que tiene parecido con otra hasta el punto de poder ser confundida con ella'.

El *mosaico*, actividad artística que alcanzó un notable desarrollo en el Imperio romano, no es otra cosa que la 'obra de las musas'. *Musēum* ('museo'), edificio destinado al estudio y consagrado a las nueve hijas de Zeus y Mnemósine, es un término latino que deriva del griego *Mouseîon*. La relación de las musas con la música está implícita en la propia etimología de la palabra, que proviene de *mousikē̆ [téchnē]* ('[arte] de las musas').

Podría finalmente consignarse el caso del elemento químico *tántalo*, vocablo que procede del nombre del personaje mitológico, a quien los dioses condenan a permanecer dentro de un lago padeciendo hambre y sed durante toda la eternidad. Para el hijo de Zeus era imposible saciar su necesidad con alimentos y agua, a pesar de que, aparentemente, estaban a su alcance. El elemento químico tántalo, que se inspira en este mito, es incapaz de absorber el ácido aun estando sumergido en él.

SOBRE EL CALENDARIO

Hagamos un somero recorrido, desde la Antigüedad clásica hasta la actualidad, por la terminología más común referida al tiempo, empezando por su sistema de representación, el *calendario*. El término tiene su origen en la voz latina *calendarium*, de *calendae* ('calendas'), nombre que en la antigua Roma se daba al primer día de cada mes, correspondiente a la fase de luna nueva. El *calendarium* era el libro donde quedaban registrados los préstamos, que vencían en las calendas.

Entre distintos pueblos de la Antigüedad, los días se agruparon de siete en siete, en relación con las fases lunares. En Roma también ocurrió así, aunque tardíamente. Cada jornada se vinculaba con una divinidad: Luna, Marte, Mercurio, Júpiter, Venus... Hasta aquí la correspondencia con los nombres españoles es evidente. Pero ¿qué ocurrió con el sábado y el domingo? El sábado se consagraba a Saturno, pero el término hebreo *šabbāt* (de origen acadio), que evolucionó después en griego (*sábbaton*) y latín (*sabbătum*), fue el que acabó imponiéndose. En cuanto al domingo, deriva del latín tardío [*dies*] *dominĭcus* ('[día] del Señor'). En un principio, era la jornada sagrada de los cristianos y se dedicaba al Sol.

190

El calendario romano, en sus inicios lunar, constaba de diez meses. El primero era *Martius* ('marzo'), en honor a Marte, dios de la guerra, que señalaba la designación de cónsules y, en consecuencia, el comienzo de las campañas militares. Seguían *Aprīlis* ('abril'), voz de origen dudoso, tal vez relacionada con el etrusco *Apru*, *Maius* ('mayo'), nombre que se vincula sin seguridad con Maia, deidad relacionada con la floración, *Iunius* ('junio'), que recuerda a la diosa Juno, *Quintīlis* ('quintil'), *Sextīlis* ('sextil'), *September* ('septiembre'), derivado de *septem* ('siete'), por ser el séptimo mes, y, siguiendo idéntica fórmula, *Octōber*, *November* y *December* ('octubre', 'noviembre' y 'diciembre'). No fue hasta los siglos VIII y VII antes de nuestra era cuando se añadieron dos meses más, *Ianuarius* ('enero') y *Februarius* ('febrero'), en honor de dos deidades, Jano, el dios de doble rostro, símbolo del comienzo y el fin, y Februo, al que se dedicaban los ritos de purificación. En el 153 a. C., por motivos bélicos —precisamente las campañas de Hispania—, fue necesario adelantar dos meses la elección consular, y *Ianuarius* se convirtió en el primer mes del año. Más tarde, *Iulius* ('julio'), clara alusión a Julio César, y *Augustus* ('agosto'), en homenaje a Octavio Augusto, sustituyeron a *Quintīlis* y *Sextīlis*.

Los meses se agrupaban en estaciones. Los romanos, como nosotros, dividían el año en cuatro épocas o temporadas: *ver*, *aestas*, *autumnus* y *hiems*, que en romance encontraron correspondencia en los términos *verano* (la actual primavera), *estío*, *otoño* e *invierno*. En época bajomedieval se incorporó la voz *primavera*, que hacía referencia a la 'primera primavera' (del latín vulgar *prima vera*, unión de *primum* ['primero'] y *ver* ['primavera']). Con esta 'entrada del verano', tal como la define Covarrubias (1611), las estaciones pasaron a ser cinco: primavera, verano, estío, otoño e invierno. A partir del siglo XVII, la primavera, época de la primera floración, desplazó al verano, que acabó solapándose con el estío, y quedó definitivamente configurado, en denominación y número, el ciclo de las estaciones.

LA AMÉRICA SOÑADA

La llegada de los españoles a América y el inicio de una relación continuada con el nuevo continente generaron un enriquecimiento lingüístico, gracias a la incorporación al habla común de nuevos términos para designar realidades desconocidas hasta entonces. Fueron creándose, en paralelo, expresiones y frases hechas que pasaron al lenguaje cotidiano para exaltar la imagen de una América idealizada. Metáforas que hablaban de paraísos cargados de riqueza y feracidad, y que alentaron el alma aventurera de viajeros y cronistas durante siglos.

En la poesía del Siglo de Oro ya puede encontrarse el término *potosí* para designar el valor extraordinario de algo. Hacía referencia a una ciudad fundada a mediados del siglo XVI en el virreinato del Perú, en la actual Bolivia, centro de una región rica en minas de plata. El propio Cervantes alude a esta circunstancia en la segunda parte del *Quijote*, cuando el hidalgo se dirige a su escudero en estos términos: «el tesoro de Venecia, las minas del Potosí fueran poco para pagarte». Las minas de Potosí, que enseguida fue una de las principales ciudades del Nuevo Mundo, comenzaron, por desgracia, a dar muestras de agotamiento poco más de ciento cincuenta años después de su hallazgo. Lo que en principio parecía riqueza interminable concluyó a comienzos del siglo XVIII, pero la expresión *valer un potosí* ya estaba plenamente incorporada al español. En la actualidad, compite con ventaja con *valer un Perú*, variante de reminiscencias también hispanoamericanas.

La expresión *¡Esto es jauja!* se utiliza para expresar júbilo ante el bienestar y la abundancia. La decimoquinta edición del diccionario académico, de 1925, recogió por vez primera esta acepción de *jauja*, que definió así: 'Nombre con que se denota todo lo que quiere presentarse como tipo de prosperidad y abundancia'. La ciudad de Jauja fue fundada por Pizarro en 1534, en el corazón del antiguo Imperio inca, antes de hacer de Lima su capital. La bonanza del clima y la fertilidad del territorio convirtieron el lugar en símbolo de riqueza y felicidad, gracias, en gran medida, a la pluma hiperbólica de Lope de Rueda. Al dramaturgo se debe la obra titulada *La tierra de Jauja* (1547), donde se describe una suerte de paraíso idílico en el que fluyen ríos de leche y miel, y donde hasta «pagan a los hombres por dormir».

Si Potosí y Jauja tienen un referente real, El Dorado es legendario. A esta mítica tierra, situada al parecer en algún lugar del antiguo virreinato de Nueva Granada, se asoció tal abundancia de oro y riquezas que desde mediados del siglo XVI las expediciones se multiplicaron en su busca, aunque concluyeron en fracaso. El topónimo está parcialmente lexicalizado, de modo que cuando alguien *busca El Dorado*, busca algo que le va a procurar gran fortuna o riqueza, y tiene a menudo connotaciones de vana ilusión.

Cruzar el charco para *hacer las Américas* siempre fue una aventura arriesgada. La locución alude a los emigrantes que, en especial desde finales del siglo XIX, embarcaron rumbo al Nuevo Mundo en busca de una vida mejor. Más allá de El Dorado, Jauja y Potosí, las Indias fueron para

muchos tierra de oportunidades. A quienes regresaron en-
riquecidos a España se les denominó *indianos*. Las casas
que edificaron simbolizaron su buena fortuna. Incorporaron detalles propios del Nuevo Mundo. Ejemplo claro de
ello son las palmeras plantadas ante las fachadas, que pueden verse todavía en aquellas regiones en que la emigración a América fue más intensa.

¿Y SI NOS PONEMOS DE ACUERDO?

En un idioma tan vastamente extendido y con tantos millones de hablantes como es el español, tienen que darse diferencias más o menos significativas. El español mexicano, como sucede con el argentino o el colombiano, posee características propias que lo diferencian del hablado en España. ¿Es necesaria una «traducción» en el ámbito de la comunidad panhispánica?

Aunque ya se han mencionado algunas de las particularidades fonéticas y gramaticales que se registran en Hispanoamérica en relación con el castellano de España, lo cierto es que no complican sustancialmente el entendimiento. Mayor dificultad pueden implicar las diferencias léxicas, que se pueden manifestar en duplicidades semánticas. Así, *estar parado* tendrá el sentido de 'estar erguido, de pie' si uno se encuentra en México —como en buena parte de América—, en tanto que en el español peninsular solo implicaría una ausencia de movimiento equivalente a 'estar detenido, sin andar'.

Se ha repetido insistentemente que uno de los rasgos característicos del español de América —dentro de su inmensa variedad— es la tendencia al empleo de voces arcaizantes. Ejemplo de ello sería la voz *pollera*, que en España haría referencia, siguiendo la definición del diccionario académico, a la 'falda que las mujeres se ponían sobre el guardainfante y encima de la cual se asentaba la basquiña o la saya'.

Estas diferencias no afectan, en general, al vocabulario básico ni dificultan la mutua comprensión. *Estacionamiento* es la variante americana preferida para lo que en la península ibérica suele denominarse *aparcamiento*. Lo mismo cabría decir de los pares *enojarse/enfadarse, caminar/andar*. Son conocidos los usos de *cobija* por *manta, saco* por *chaqueta, auto* por *coche, rentar* por *alquilar, celular* por *teléfono móvil*, o viceversa. Existen, además, expresiones propias de algunas áreas de Hispanoamérica integradas ya en un español global: *recién* con el significado de 'apenas'; *¡ni modo!* por '¡de ninguna manera!', *nomás* por 'nada más, solamente' o, en expresiones exhortativas, con valor enfático.

Ciertamente, la duplicidad requiere un poco de reflexión porque a veces los localismos pueden dificultar el entendimiento. Son conocidas las connotaciones sexuales que voces como *concha* o *coger*, comunes en España, poseen en según qué zonas de Hispanoamérica. En Chile, sin embargo, una expresión que en España resultaría malsonante, *la polla*, sirve para designar el juego por excelencia: la lotería.

Algunas voces presentan significados coloquiales muy diversos. Por ejemplo, *camarón* se identifica con un conductor inexperto en Ecuador, con un gorrón en Perú o con una persona habilidosa y astuta en la República Dominicana, una *bicicleta* puede hacer referencia a cierta operación financiera especulativa en Argentina, remite a la diarrea en Perú y a una mujer seductora en Puerto Rico. En sentido contrario, el apunte que hacen los alumnos para copiar en un examen se llama *chuleta* en España, *machete* en Argentina, Bolivia y Nicaragua, *acordeón* en México y Centroamérica, y *pastel* en Colombia. En las Antillas —como en Canarias—, la gente se traslada en *guagua*, el *autobús* del español peninsular, al que en México llaman *camión*, y *colectivo* en Argentina, Perú y otros países (*bus* u *ómnibus* son también términos extendidos).

Normalmente, el contexto ayuda al hablante a solventar posibles malentendidos. La existencia de estas variantes locales no supone una amenaza para la unidad y la coherencia de la lengua, sino que debe interpretarse como un factor de enriquecimiento al que contribuye el trabajo conjunto de las distintas Academias nacionales.

POLÍTICA Y POLÍTICOS

El término *política* procede —a través del latín— del griego *politikē* [*téchnē*], que alude a todo lo que se refiere a la polis, la ciudad-Estado de la antigua Grecia. El primer diccionario académico define el término como 'gobierno de la República', la *respublĭca* de los latinos, 'la cosa pública por antonomasia', es decir, el Estado. La democracia, el gobierno del pueblo, fue creación de los griegos, que consideraron la dimensión política esencial en el ser humano —como *zôon politikón*, 'animal político', según Aristóteles—, actividad que, partiendo de los principios de la justicia y la ética —lo que remite a Platón—, ha de organizar Estados basados en la primacia del bien común sobre los intereses particulares.

Muchos de los términos relacionados con la política se han ido cargando de connotaciones negativas. Si nos atenemos al diccionario académico, este ha sido el caso de una voz como *populismo*, que, en fecha tan tardía como 1989, fue recogida así: 'Doctrina política que pretende defender los intereses y aspiraciones del pueblo'. El diccionario actual registra una acepción de carácter negativo: 'Tendencia política que pretende atraerse a las clases populares'. Algo similar sucedió en la Grecia clásica con una palabra como *dēmagōgía* (literalmente, 'arte de conducir al pueblo'), que se relacionaba con la persuasión y la elocuencia oratoria, pero que no tardó en cargarse de connotaciones negativas. Aristóteles tacha ya de «adulador» al demagogo.

Otro término peyorativo relacionado es *clientelismo*, 'práctica política de obtención y mantenimiento del poder asegurándose fidelidades a cambio de favores y servicios'. El concepto tiene su origen en el vínculo jurídico del patronato de la antigua Roma. A cambio de los alimentos, el dinero o la defensa que el patrón proporcionaba a sus clientes (voz que deriva del latín *cliens, -entis*), estos se encargaban de su seguridad y se convertían en sostén de sus aspiraciones electorales y políticas. Al mismo tiempo, entre los romanos, quienes aspiraban a algún cargo público vestían la *toga candida* ('toga blanca'), en alusión a la pureza y honestidad. De esta tradición procede la palabra latina *candidātus* (propiamente 'blanqueado, vestido de blanco'), étimo de la española. Tiene su origen en el adjetivo *candĭdus* ('blanco brillante'), diferente del *albus* ('blanco mate'), que en español habría dado *cándido*, 'ingenuo, sin malicia ni doblez'.

LENGUAJE DEPORTIVO

Aunque puede criticarse el lenguaje periodístico deportivo, sobre todo por la abundancia de extranjerismos, hay también que destacar la originalidad de algunas expresiones. El vocabulario del fútbol es rico en hallazgos lingüísticos, sin duda, porque es también el deporte que más pasiones levanta. La emoción y el sentimiento se trasladan con facilidad a la lengua, propagándose y normalizándose entre los aficionados y alcanzando a todos los hablantes.

Además de proponer denominaciones más o menos curiosas para los equipos y sus seguidores —*leones, culés, colchoneros, merengues, bosteros* o *gallinas*—, sobre cuyo origen circulan múltiples historias, el fútbol es responsable de que algunos gentilicios de origen histórico se hayan ido abriendo camino en el vocabulario general. Gracias a ello, un buen número de hablantes conoce la existencia de *ilicitanos, pucelanos* o *ilerdenses*.

El léxico militar ha influido en las metáforas bélicas del lenguaje deportivo. Se habla de *duelo* o *contienda*, se dirime un encuentro *a vida o muerte*; los equipos *se atrincheran* o *se rearman* y ponen en juego toda su *artillería*, los delanteros *asedian* la *retaguardia* rival con *disparos*, *cañonazos* u *obuses* y *fusilan* al portero o dan el *pase de la muerte* y se transforman en *puñales* y *arietes*.

Pero los campos semánticos de estas imágenes son muy variados. Algunas expresiones se han ido desgastando por el uso y convirtiendo en tópicos, como *serpiente multicolor*, propia del ciclismo, y, en el boxeo, un eufemismo como *besar la lona*. Nada tiene que ver con el ciclismo *hacer la bicicleta* (en el ámbito futbolístico, describe la simulación de un pedaleo para despistar al rival). El léxico del fútbol ha fagocitado sin demasiados escrúpulos el de otras especialidades: un jugador *se tira a la piscina* (simula que ha sido objeto de una falta), un futbolista puede *chupar banquillo*, tener *olfato de gol*, *emborracharse de balón* o *rifar la pelota*, y también *comerse un amago* o, en el caso del portero, *salir a por uvas*. Lo mismo ocurre con *vaselina* (metáfora que expresa la suavidad de un tiro por elevación), *filigrana, túnel, caño, sombrero, tijera, once* u *once de gala* (equipo), *colocar el autobús, dormir el partido* o *lluvia de goles*.

TRABAJO, HUELGA
Y JUBILACIÓN

Existen asociaciones semánticas entre voces sin relación etimológica. Difícilmente podrían encontrarse conceptos tan alejados como *trabajo* y *juerga*, como corrobora su etimología. La segunda de las voces, cuyo significado es 'jolgorio, jarana', en su primera inclusión en el diccionario académico —en la decimocuarta edición, de 1914— remite a *huelga*, 'recreación que ordinariamente se tiene en el campo o un sitio ameno' (el paso de *huelga* a *juerga* se produce mediante la aspiración reforzada de la *h* y la confusión de la *l* y la *r* en posición implosiva, fenómeno usual en algunas áreas meridionales de España). Esta acepción está hoy en desuso. Primordialmente *huelga* significa en la actualidad 'interrupción colectiva de la actividad laboral de carácter reivindicativo'. Entre la juerga y el trabajo se encontraría la huelga, sustantivo derivado de *holgar*, del latín tardío *follicāre* ('respirar, soplar'), que significa 'permanecer ocioso', pero también 'recuperar el aliento tras un esfuerzo o un trabajo'.

Hay que recordar que en la tradición judeocristiana el trabajo se percibe como castigo divino. Su etimología parece confirmarlo. El verbo procede del latín vulgar *tripaliāre*, que quiere decir 'torturar', vocablo que, a su vez, deriva del latín tardío *tripalium*, 'instrumento de tortura compuesto de tres maderos'. En el actual diccionario académico, *trabajo* hace referencia, casi siempre en plural, a 'penalidad o tormento'. Con el trabajo se relaciona el *negocio*, del latín *negotium*, donde es clara la presencia del término *otium* ('reposo, descanso') y el adverbio negativo *nec*. Literalmente, el *negocio* es el 'no ocio'. El día laborable se denominaba en época romana *dies negotiosus*.

El verbo opuesto a *trabajar* es el verbo *jubilar(se)*. Su sentido de 'cese de la actividad laboral de una persona' procede de la voz latina *iubilāre* ('lanzar gritos de júbilo'), que acusa la influencia de *jubileo*, 'festividad celebrada cada cincuenta años', ya que la jubilación se otorgaba tras cincuenta años de servicio.

¿HOMBRE O MUJER?
ANTROPÓNIMOS UNISEX

Tradicionalmente, en los países de filiación católica, donde la práctica totalidad de los nacidos eran bautizados, los nombres de pila se correspondían con los que aparecían en el santoral. Era una cuestión que estaba regulada por ley. En la actualidad, con independencia del principio básico de libre elección para el nombre propio, la legislación sigue estableciendo algunas limitaciones. Se suelen rechazar los nombres que atentan contra la dignidad de las personas o dificultan la identificación.

Hasta hace pocos años estaba prohibido el registro de nombres que pudieran inducir a error en cuanto al sexo. Sin embargo, existe un número nada desdeñable de nombres de pila que, en principio, son intercambiables entre ellos. Los nombres propios poseen la facultad de designar de manera unívoca, es decir, de individualizar a la persona, frente a los comunes, pero carecen de género, el cual viene determinado, en el caso de los antropónimos, por el sexo de su titular.

Reyes o *Cruz*, ambos mayoritarios entre las mujeres, sobre todo el primero, se cuentan entre los antropónimos unisex más conocidos. Otros, también asociados con las mujeres, pueden sorprender más. Es el caso de *Loreto, Paz* o *Mar* —en el lado opuesto quedaría *Buenaventura*, más habitual entre los hombres—. *Guadalupe* y *Rosario* son frecuentes en Hispanoamérica. Parte de estos nombres son de filiación religiosa, los hombres que los llevan tienen una media de edad elevada. Es el caso de *Encarnación, Trinidad, Asunción, Concepción, Socorro, Montserrat, Milagros, Remedios, Mercedes* o *Dolores*.

Otros antropónimos son ajenos a la tradición: *Ariel, Robin, Gael, Alexis, Noa, Yael* o *Yerai*. En general, los portadores de estos nombres no superan la treintena.

Los hipocorísticos, nombres que, en forma diminutiva, abreviada o infantil, sirven para designar a alguien familiarmente o con sentido eufemístico, constituyen un ámbito especial. Hipocorísticos empleados para mujeres y varones son: *Cris*, diminutivo de *Cristina*, pero también de *Cristian* o *Cristiano*, *Álex*, fórmula abreviada para nombrar a Alejandras y Alejandros, o *Francis*, que puede referirse tanto a los Franciscos como a las Franciscas.

LA MANO DE ALÁ

La presencia musulmana en la península ibérica desde comienzos del siglo VIII tuvo consecuencias lingüísticas evidentes —en el léxico, no en la gramática ni la fonética—. Las lenguas romances comenzaban entonces a abrirse paso tras el proceso de disolución del latín vulgar visigótico.

El mozárabe merece especial mención. Era el romance peninsular propio de la minoría cristiana que habitaba en los dominios islámicos y, en consecuencia, debía haber experimentado una arabización de sus hábitos y sus formas de expresión. Cuando los mozárabes fueron incorporándose a los reinos cristianos al ritmo del avance reconquistador, con ellos viajaron sus costumbres, sus conocimientos y, por supuesto, muchas palabras de origen árabe que pasaron a las lenguas románicas que se hablaban en sus lugares de acogida.

Aunque los mozárabes no fueron los únicos responsables de abrir las puertas a los arabismos, esta vía de penetración fue la principal. También habría que tener en cuenta la influencia mutua entre las lenguas y el peso que la traducción de textos árabes —que recogían la sabiduría clásica y de Oriente Próximo— pudo ejercer en la incorporación de voces y conceptos novedosos en la España cristiana.

Además, como resultado de la actividad comercial en el Mediterráneo y la amalgama étnica y lingüística que supusieron las cruzadas en los siglos XII y XIII, algunos arabismos pudieron penetrar también a través de otras lenguas románicas.

El árabe —en particular el árabe hispánico o andalusí— es una de las lenguas que mayor influjo ha ejercido en el léxico castellano. Se registran abundantes arabismos en el vocabulario de todo el territorio peninsular, lo que resulta manifiesto en su toponimia, donde la lista es interminable: *Albacete, Algeciras, Guadalajara, Benicasim, Guadalquivir, Guadiana, Medinaceli...*

Gran parte de esas voces se han preservado hasta nuestros días y componen algo menos de un diez por ciento del total de nuestro acervo léxico. Pertenecen a campos semánticos muy diversos, la agricultura y el mundo rural (*alquería, acelga, berenjena, almazara, albaricoque, acequia, noria*), la artesanía y los oficios (*alarife, albañil, tabique, azulejo, adobe*), el comercio y la administración (*albacea, alcabala, alcalde, tarifa, aduana*), el urbanismo, la vivienda, el universo doméstico y de ocio (*arrabal, zaguán, ajedrez, alfombra, taza, laúd*), el registro bélico y militar (*barbacana, alcázar, alférez, tambor, adalid*) y el ámbito científico (*cero, cifra, álgebra, alcohol, azogue, alambique, acimut, cénit*).

La influencia árabe también se manifiesta en la expresión de nuestros anhelos, en ese *¡ojalá!* que deja en manos de Alá (de Dios) el cumplimiento de nuestros deseos.

UN MUNDO NUEVO

Las primeras palabras nacidas en el continente americano que retornaron a España, enriqueciendo la lengua peninsular, lo hicieron de la mano de cronistas, navegantes, exploradores y poetas que, como el propio Colón, las incluyeron en los escritos dedicados a recoger sus impresiones sobre el Nuevo Mundo.

La obras de fray Bartolomé de las Casas (*Historia de las Indias*), Díaz del Castillo (*Historia verdadera*), o las cartas que envió Hernán Cortés a las autoridades españolas —algunas a la reina Juana y al emperador— se encuentran entre las que tienen más fama, pero la nómina es muy extensa. La integran nombres como Pedro Mártir de Anglería, Juan de Castellanos, Gonzalo Fernández de Oviedo, José de Acosta o Alonso de Ercilla, autor del poema épico *La Araucana*. Todos ellos contribuyeron a la difusión de indigenismos que designaban realidades desconocidas en el Viejo Continente. Muchos de estos términos hacían referencia al mundo animal y vegetal autóctono, otros estaban relacionados con fenómenos naturales o designaban objetos de uso cotidiano y formas de vida y organización social particulares de aquellas tierras.

Dado que el primer desembarco de Colón tuvo lugar en el área antillana, la influencia del vocabulario de los pobladores de esta región en el léxico de los recién llegados fue muy temprana. Las lenguas del grupo caribe y algunas otras como el taíno, de la familia arahuaca, prestaron numerosos términos al castellano ya desde los momentos inmediatamente posteriores a la colonización. Junto con *ají, hamaca* o *canoa,* son voces derivadas del taíno *caimán, bohío, maíz* (de *mahís*), *huracán* o *nagua* (a partir de la cual se creó *enagua*). Proceden del caribe *cacique, sabana, caoba, barbacoa, loro* (de *roro*) o *piragua.*

Los españoles fueron entrando en contacto con las grandes culturas americanas, de las que tomaron otros términos. Muchos de ellos proceden del quechua, que fue la lengua del Imperio inca, y del náhuatl, lengua del Imperio azteca. *Caucho* (de *kawchu*), *pisco* (de *pishku*), *cóndor* (de *cúntur*) o *vicuña* (de *vicunna*) derivan del primero, mientras que voces tan comunes como *cacao* (de *cacáhua*), *chicle* (de *tzictli*) o *tomate* (de *tomatl*) proceden del náhuatl, que ha pervivido en diversas zonas de México. Idéntica filiación presentan *copal* (de *copalli*), *hule* (de *ulli*), *jícara* (de *xicalli,* 'vaso hecho de la corteza del fruto de la güira') o *petate* (de *petlatl,* 'estera'). Aunque su etimología es discutida, probablemente también *chocolate* sea una voz náhuatl (de *xocoatl,* integrado por *xoco,* 'amargo', y *atl,* 'agua', pues los aztecas lo consumían como bebida aromatizada con especias).

Otras lenguas amerindias como las tupí-guaraníes, el araucano, el aimara o el chibcha también aportaron indigenismos al castellano. La influencia es tan diversa que, a veces, se emplean dos voces de distinto origen para designar una misma realidad. Del quechua procede *palta,* utilizada en el Cono Sur y en Perú, que designa al *aguacate,* préstamo del náhuatl. *Cacahuete,* del náhuatl *cacáhuatl,* encuentra correspondencia en *maní,* voz propia del área antillana. Mención especial merece un españolismo como *patata*, que es un híbrido, un cruce entre *batata*, quizá de origen taíno, y el quechua *papa*.

Se hace difícil imaginar nuestra lengua y el mundo que hoy conocemos antes de la epopeya colombina.

TÚBAL Y AITOR EN EL LÉXICO ESPAÑOL

El vasco o euskera es la única lengua previa a la llegada de los romanos que pervivió tras su marcha de Hispania. Consumadas la descomposición del Imperio y las invasiones bárbaras, quedó asentada en gran parte de Navarra y el País Vasco, y en algunas zonas limítrofes. El origen, que no es indoeuropeo, sigue siendo una incógnita. Su documentación antigua es escasa. Se han hallado lo que parecen ser nombres propios en inscripciones latinas del sur de Francia, y la toponimia informa de la presencia de focos del euskera en la vertiente sur de los Pirineos.

A partir del siglo IX, se registra la aparición de vocablos vascos insertos en textos en latín y romance (castellano, navarroaragonés, gascón). Las primeras frases se encuentran en el ya citado manuscrito del monasterio riojano de San Millán, donde figuran, intercaladas con otros comentarios en lengua romance, las Glosas Emilianenses. Según Menéndez Pidal, en el origen de la lengua castellana existe un sustrato vasco. A él se han atribuido la simplicidad de su sistema vocálico y la pérdida de la *f* inicial latina.

Por lo que al léxico respecta, se produjeron préstamos entre el latín y el vasco desde los inicios de la romanización. Algunos acabaron incorporándose al castellano tras experimentar su propia evolución en el euskera. Es el caso de la palabra latina *cistella* ('cestilla'), que dio *txistera* en vasco y pasó al castellano como *chistera*. De raíz vasca es *aquelarre*, adaptación de *akelarre*, formado por la unión de *aker* ('cabrón, macho cabrío') y *larre* ('prado'); literalmente, por tanto, 'prado del macho cabrío' (en origen, hacía referencia al lugar donde se celebraban estas reuniones nocturnas con el demonio).

También de filiación vasca es la palabra *izquierda* (*ezkerra*), que sustituyó en castellano a *siniestra*, de origen latino, ya que en la Edad Media, como en la Antigüedad, se relacionaba la izquierda con la desgracia (el vuelo de las aves a este lado del augur se interpretaba como signo de mala suerte), y el término acabó cargándose de connotaciones negativas. Son préstamos claros *gabarra* (de *kabarra*), *chirimiri* (de *zirimiri*) o *chapela* (de *txapela*), que, sin embargo, habría pasado al vasco a partir del francés antiguo *chapel* ('sombrero'). También de ascendencia francesa, derivada de *geôle* ('mazmorra'), es la voz *txabola*, antecedente del *chabola* español. Del ámbito rural proceden *zamarra*, *zurrón* (de *zorro*, 'saco') o *chistorra* (de *txistor*, 'longaniza').

Resulta curioso el origen del término *guiri*, con el que en España se designa a los turistas extranjeros. Según el diccionario académico, resulta de un acortamiento del vasco *guiristino* ('cristino'), nombre que recibían en el siglo XIX los partidarios de la reina María Cristina frente a los carlistas.

NO SOLO MEIGAS

El gallego, que durante parte de la Edad Media constituyó una unidad con el portugués, es la lengua romance que actualmente se habla en Galicia y algunas zonas limítrofes de Asturias, León y Zamora. El reino de León, surgido a partir del primer núcleo de resistencia frente al islam en las montañas asturianas, fue ampliando su territorio a lo largo de los siglos VIII y IX hasta llegar a abarcar Galicia, Asturias, Cantabria y el norte de Castilla y León. Desde el punto de vista lingüístico, dos lenguas romances, el gallego en el oeste y el leonés (o asturiano-leonés) en el este, se fueron imponiendo a las restantes y terminaron repartiendo su influencia en este vasto territorio.

Castilla logrará su independencia política a lo largo de los siglos X y XI, y, con su poder cada vez más consolidado, se anexionará el reino de León —y la zona occidental del de Navarra—. A partir de aquí, ya con la unión de las dos coronas en 1230, su papel destacado en la Reconquista no hará sino acrecentarse, al tiempo que el castellano va extendiendo su área de influencia sobre otras lenguas romances cercanas, que, como el leonés, disminuyen paulatinamente su uso.

El gallegoportugués —junto con el occitano, lengua de trovadores—, aunque lógicamente vio reducido su espacio de desarrollo frente a la pujanza política y social del reino de Castilla, pudo escapar, gracias a su localización periférica, con más facilidad que el leonés al proceso de absorción por parte del castellano, manteniendo sus peculiaridades. También viajó hacia el sur en función de las necesidades repobladoras.

La principal dificultad a la hora de detectar léxico de origen gallego en el castellano radica en el hecho de que en la amplitud del occidente peninsular convivieron, e intercambiaron elementos desde sus orígenes, hablas asturianas, gallegas, portuguesas, leonesas y castellanas. Distinguir procedencias estrictas en medio de esta amalgama lingüística es todo un reto, por lo que es habitual hablar de «occidentalismos». Para un término como *meiga*, el diccionario señala origen leonés y gallego, aunque en última instancia deriva del latín *magĭcus* ('mágico').

Se reconoce culturalmente el vínculo de *morriña*, voz que deriva del gallegoportugués *morrinha* y que designa la 'tristeza o melancolía, especialmente la nostalgia de la tierra natal'. Por su parte, la palabra *sarpullido* (o *salpullido*, de uso frecuente en América), referida a la erupción cutánea, deriva de *sarpullo*, de origen también gallegoportugués.

Vocablo procedente del gallego es *descangallar*, de *escangalhar*, que significa 'descoyuntar, desmadejar'. Lo son, asimismo, *cachear*, *cardumen* o *choza*, de filiación no tan clara. *Grelo* ('hoja tierna y comestible de los tallos del nabo') y *filloa* ('especie de crep') conducen de nuevo a terreno conocido. La primera de estas voces designa en gallego cualquier renuevo o brote tierno. La voz *filloa*, por su parte, deriva del latín *foliŏla*, con el significado de 'hojitas'. Sin salir del ámbito gastronómico, destacaremos el origen galaico de *percebe* (del bajo latín *pollicipes, -edis,* compuesto por *pollex, -ĭcis* 'pulgar', y *pes, pedis* 'pie', denominación bastante gráfica) y de *vieira,* bivalvo común en los mares de Galicia. Su concha, la venera, se ha convertido en la insignia de los peregrinos de Santiago.

EL CATALÁN, UNA LENGUA MUY PRESENTE

La lengua romance que en la actualidad se habla en Cataluña y, con peculiaridades propias, en otros territorios de la antigua corona de Aragón —Baleares, la franja oriental de Aragón o la Comunidad Valenciana, la ciudad sarda de Alguer, Andorra o el Rosellón francés— fue adquiriendo sus rasgos distintivos en la zona oriental de los Pirineos. Desde allí iniciaría su expansión, en contacto con los otros romances surgidos en áreas próximas, tanto dentro como fuera del ámbito hispánico. Son reseñables sus relaciones con el occitano —vía de expresión de los trovadores medievales— como resultado de la vinculación política y cultural de los territorios.

Si el papel relevante del reino de Castilla en la Reconquista determinó la expansión del castellano, otras lenguas romances peninsulares, como el catalán, preservaron su integridad y extendieron su dominio de norte a sur, aunque de manera más limitada. Compartió desde sus orígenes características léxicas o estructuras gramaticales con las lenguas más próximas, en cada caso con rasgos evolutivos particulares, y los préstamos entre unas y otras —todas hijas del latín— fueron moneda corriente.

Son numerosas las palabras castellanas que proceden del catalán, y no pocas presentan la terminación *-el*, tras la pérdida de la segunda ele (*-ell*) en el proceso de adaptación. Es lo que ocurre con *doncel*, de *donzell* (derivado de un hipotético latín vulgar *domnicillus*, diminutivo de *domnus*, 'señor'); *granel*, de *granell*, y con *bajel*, de *vaixell*; *clavel*, de *clavell*; *pincel*, de *pinzell*. No es el caso de *papel*, derivado del catalán *paper* (procedente a su vez del latín *papȳrus*, 'papiro', y este del término griego *pápyros*). Aunque el papel esté siendo sustituido por la *pantalla* (ya no *pasamos página* figuradamente, sino *pantalla*), se mantiene el origen catalán de la palabra, que es resultado de un cruce entre *pàmpol* y *ventalla* (términos que tienen idéntico significado: 'pantalla de lámpara').

El catalán no solo actuó como puente ocasional entre el latín y el castellano, sino que contribuyó a la penetración en este de voces procedentes de otras lenguas. Raíces árabes se le atribuyen a *avería*, que podría proceder del árabe *'awāriyyah* ('mercaderías estropeadas') a través del catalán *avaria*; del gótico (de un hipotético *af-maginôn*, 'perder fuerza') parece derivarse *amainar*, y del franco (se supone que de *krâppa*, 'gancho'), *grapa*, que el castellano tomó también de la lengua catalana.

En lo gastronómico, el léxico castellano encuentra en el catalán una nutrida cantera. El término *manjar* ('comida exquisita') tiene su origen en el catalán antiguo u occitano *manjar* ('comer'), *rape* (de *rap*), *chuleta*, que habría pasado al castellano a través del valenciano *xulleta*, diminutivo del catalán *xulla* ('costilla'), *butifarra* (de *botifarra*) y *alioli* (de *allioli*), que incorpora los nombres de sus ingredientes, ajo y aceite. Del mallorquín procede *ensaimada*, donde está presente la raíz *saïm* ('saín, grasa'). Del valenciano, *fideuá* y *paella*. Una curiosidad: *panoli* remite a la persona a la que se engaña con facilidad por su simpleza, y deriva de la voz valenciana *panoli* ('fruta de sartén'), como contracción de *pa en oli* ('pan con aceite'), que en Cataluña sería *pa amb oli*.

Son voces procedentes del catalán *añoranza, cantimplora, cohete, congoja, cortapisa, fango, forastero, litera, mercería, muelle, naipe, prensa, reloj* o *salvaje.* También, *macarra* (de *macarró*, y este del francés *maquereau*) y *capicúa*, derivada de *cap i cua* ('cabeza y cola'), que designa el número que se lee igual empezando por el principio (la cabeza) o el final (la cola).

CIFRAS Y LETRAS

Las cifras y las letras desempeñan un papel destacado en los modismos y frases hechas del español. Los modismos se definen por diversas características. Son, por lo general, de carácter popular, tienen una forma fija, y su significado no es deducible de los elementos que los componen, es decir, tienen que interpretarse en un sentido figurado que no puede descifrarse mediante el código general de la lengua. En consecuencia, las cifras asumen un valor traslaticio, distinto del recto. Es recurrente, por ejemplo, el uso de *cuatro* con valor indeterminado para expresar una cantidad pequeña. *Cuatro gatos* significa 'muy escasa gente', *cuatro gotas* equivale a 'lluvia escasa', *cuatro palabras* hace referencia a una 'expresión o manifestación breve', y *cuatro cuartos* es 'poco dinero'. En ocasiones, *dos* también asume este valor: *Apenas cruzaron dos palabras, ¡Hace dos días era todavía un niño!* Pero lo común es que se emplee *cuatro*. Este uso excede ya el ámbito de los modismos y puede considerarse una acepción, tal y como se recoge en el diccionario académico. El cardinal, además, marca la línea, muy tenue, que separa la escasez de la abundancia. *Más de cuatro* significa una 'cantidad considerable de personas': *Sus palabras hicieron rabiar a más de cuatro.* Con una ex-

cepción, el dinero: *estar sin cinco* o *no tener ni cinco* equivale a 'no tener nada'.

El papel que cumplen las expresiones idiomáticas
que utilizan las letras del alfabeto, aunque frecuentes
también en los modismos, es de naturaleza distinta a la
de las cifras. Al margen de las expresiones idiomáticas se
encuentra el uso de la letra *b* con el significado de 'opaco
para la Hacienda pública': *dinero b, caja b, contabilidad b.*
A veces, esta *b* se relaciona con algún señor *x*, esto es,
'indeterminado o desconocido'. Este valor indeterminado está presente también en una expresión como *llámalo
hache,* equivalente a 'como quieras', aunque no es infrecuente sustituir esa *hache* por una *x.* Por hache o por be
(o por ce o por be), las letras se relacionan con el conocimiento, en general con un conocimiento básico, de modo
que *no saber ni jota* es 'no saber nada', lo mismo que *no
saber ni hacer la o con un canuto.* Poner los *puntos sobre las
íes* significa 'precisar algunos extremos'. *Saber una cosa de
pe a pa* es 'saberla enteramente, de principio a fin'. Quevedo
hace uso de esta expresión en su *Cuento de cuentos* (1626):
«¿Hay cosa como ver un graduado, con más barbas que
textos, decir enfurecido: "¡Voto a Dios que se lo dije de pe
a pa!"? ¿Qué es pe a pa, licenciado? Y para enmendarlo
dice que se está erre a erre todo el día».

EL RASTRO DE ESOPO

El género de la fábula, de origen remoto y carácter moralizador y didáctico, alcanzó fortuna en España a partir de la segunda mitad del siglo XVIII y durante el XIX, favorecido por el contexto histórico y sociocultural de la Ilustración y el neoclasicismo. Las fábulas se incorporaron de manera directa o indirecta —y no solo en este periodo, también en siglos anteriores— a los dichos y modismos de nuestra lengua.

Uno de los fabulistas de mayor éxito fue el alavés Félix María de Samaniego, autor de «La gallina de los huevos de oro», para la que se inspiró en la reinterpretación de la fábula de Esopo realizada por Babrio, poeta latino de finales del siglo I y comienzos del II. En la actualidad, *la gallina de los huevos de oro* hace referencia en la lengua común a aquello de lo que se obtiene un gran beneficio, pero la moraleja de la fábula puede resumirse en la frase proverbial: la avaricia rompe el saco, que es el mensaje que transmite la sentencia: «Quienes se contemplaban ya marqueses» pueden llegar a verse «en la calle sin calzones».

También se debe a Samaniego «El congreso de los ratones», que nos ilustra sobre la locución *poner el cascabel al gato* ('arriesgarse a hacer algo considerado peligroso o difícil'). En realidad, esta locución es muy anterior. La recoge, con ligeras variaciones, Covarrubias, que hace referencia a la fábula del gato y los ratones, conocida en España a través de *El libro de los gatos*, obra del siglo XIV que adapta algunas piezas ejemplarizantes del fraile inglés Odo de Cheriton. La anécdota la incluye Lope de Vega en *La esclava de su galán* (c. 1626): un grupo de ratones se reúne para idear la fórmula —colocar al gato un cascabel— que les permita burlar al felino y salir en busca de comida. El desenlace queda en la pluma de Samaniego: «El proyecto aprobaron uno a uno, / ¿quién lo ha de ejecutar? Eso ninguno».

También *el cuento de la lechera* remite a una fábula de Esopo, luego reinterpretada por Don Juan Manuel antes que por Samaniego. En el cuento, una muchacha se dirige al mercado con el cántaro de leche en equilibrio sobre la cabeza, sin cesar de maquinar un solo instante un «plan de negocios» que se va al traste cuando el cántaro cae y su contenido se derrama. La moraleja es conservadora: «No seas ambiciosa / de mejor o más próspera fortuna [...] / No anheles impaciente el bien futuro, / mira que ni el presente está seguro».

El otro gran fabulista español del siglo XVIII, Tomás de Iriarte, popularizó la historia del asno que, tras hallar en el campo una flauta y acercarse a olerla, arranca de ella un sonido inesperado. El origen está en el fabulista latino Fedro, autor de «El asno y la lira», y nuevamente se encuentra en España un antecedente en Lope de Vega, que se refiere al asunto en *El caballero de Illescas* (c. 1602). La expresión *sonar la flauta* ha pasado a la lengua para designar un acierto casual. Así lo manifiesta el fabulista canario al final de su relato: «Sin reglas del arte, / borriquitos hay / que una vez aciertan / por casualidad».

El modismo *el parto de los montes* tienen su origen en la *Epístola a los Pisones*, de Horacio, en que se criticaba la ampulosidad de algunos autores: «Parturient montes, nascetur ridiculus mus» ('Están de parto los montes: nacerá un insignificante ratón'). La imagen, que retoman Esopo y Samaniego, dio origen en español al modismo *el parto de los montes* ('cosa fútil y ridícula que había suscitado grandes expectativas'). Samaniego le da la forma que hoy es más conocida: «Con varios ademanes horrorosos / los montes de parir dieron señales; / consintieron los hombres temerosos / ver nacer los abortos más fatales. / Después que con bramidos espantosos / infundieron pavor a los mortales, / estos montes, que al mundo estremecieron, / un ratoncillo fue lo que parieron».

CON SANCHO HEMOS TOPADO

El diccionario académico define el *refrán* como 'dicho agudo y sentencioso de uso común'. Hay que subrayar su carácter tradicional (muchos de ellos se remontan a la Edad Media) y su origen generalmente popular (la gran mayoría son anónimos). Su condición de patrimonio del pueblo queda reflejada por Sancho Panza, que, ante la queja de su amo por el uso abusivo que de ellos hace, replica: «¿A qué diablos se pudre de que yo me sirva de mi hacienda, que ninguna otra tengo, ni otro caudal alguno, sino refranes y más refranes?».

Las paremias o refranes —se toma la categoría en un sentido amplio para incluir en ella sentencias, proverbios o adagios, sin diferenciar las particularidades de unos y otros— incorporan como elemento definidor una vocación ejemplificadora, pues buscan transmitir una enseñanza, una advertencia o un consejo. Hacen uso frecuente del tiempo presente con valor intemporal (presente gnómico) —*En boca cerrada no entran moscas*—, aunque recurran en ocasiones al imperativo —*Dime con quién andas y te diré quién eres*—. Es característico el uso de los grupos nominales sin artículo, que adquieren así interpretación genérica o arquetípica: *Agua pasada no*

225

mueve molino. Contribuye a ello el uso de verbos transitivos en uso absoluto, sin complemento directo: *El hombre propone y Dios dispone*.

La mayoría de los refranes se caracterizan por tener una estructura bimembre, muchas veces sin presencia verbal: *Mal de muchos, consuelo de tontos*. Facilitan su retención o aprendizaje los efectos rítmicos y de sonoridad obtenidos mediante paralelismos, anáforas y otras repeticiones (*Año de nieves, año de bienes*), y a través de la rima (*Cuando las barbas de tu vecino veas cortar, pon las tuyas a remojar*), que tiene función mnemotécnica. No faltan la metáfora (*Cuando el río suena, agua lleva*), la metonimia (*Ojos que no ven, corazón que no siente*) o la hipérbole (*En abril, aguas mil*), todos ellos recursos propios de la función poética del lenguaje.

Con cierta frecuencia las enseñanzas de los refranes se asocian con la experiencia y el sentido común, el proverbial buen juicio del pueblo, lo que, sin embargo, no está reñido con la contradicción. Un refrán vale para defender una idea o la contraria. Las muestras son innumerables: *al que madruga Dios le ayuda, no por mucho madrugar amanece más temprano, las apariencias engañan, la cara es el espejo del alma, el que no arriesga no gana, vale más pájaro en mano que ciento volando* o *vale más malo conocido que bueno por conocer*.

Parecería que la vocación del refranero es la de dar respuesta a cada situación, *lo que uno desecha a otro aprovecha*, tal como reza el dicho. Hay, también, quienes comparten con don Quijote la idea de que no parece mal «un refrán traído a propósito, pero cargar y ensartar refranes a troche y moche hace la plática desmayada y baja».

DEL DERECHO
Y DEL REVÉS

Los palíndromos y los anagramas son ejercicios que convierten el lenguaje en laboratorio para experimentos lúdicos. Son letras viajeras que se miran al espejo y cambian la dirección de la lectura, que se separan para agruparse otra vez y generar nuevos vocablos o nuevas oraciones de significado diferente.

El palíndromo es una suerte de camino de ida y vuelta entre los componentes de una oración o entre las letras de una palabra, como resultado del cual unas y otras mantienen su sentido tanto si se leen de izquierda a derecha como de derecha a izquierda. Uno de los ejemplos más conocidos es *dábale arroz a la zorra el abad*. Un somero rastreo en internet permite multiplicar el listado de estos «capicúas» del lenguaje, que algunas veces consiguen formas muy logradas. No podemos hablar de palíndromos sin hacer referencia al brillante y siempre crítico escritor guatemalteco Augusto Monterroso, prolífico inventor de muchos —al margen de maestro del microrrelato—, que trató el tema en «Onís es asesino», texto que, con título de palíndromo, forma parte de su ensayo *Movimiento perpetuo*.

El término procede del griego *palíndromos*, que significa 'que recorre a la inversa'. Se ha querido atribuir su invención al poeta satírico griego del siglo III a. C. Sótades, aunque los primeros ejemplos conservados son posteriores. Como muestra de palíndromo múltiple, se cita habitualmente el célebre cuadrado de Sator, hallado en las ruinas de Pompeya, pero presente también en otros restos de edificios romanos, así como en construcciones religiosas. Lo forman cinco palabras escritas en latín dispuestas de tal manera que se repiten si se leen de izquierda a derecha o viceversa, de arriba abajo y a la inversa:

```
S A T O R
A R E P O
T E N E T
O P E R A
R O T A S
```

Sobre su significado y simbolismo hay opiniones muy diversas relacionadas con la religión, el esoterismo o la cábala.

El anagrama también fue popular en la Antigüedad. Se trata de un cambio en el orden de las letras de una palabra o de las palabras de una frase que tiene como resultado la creación de un término u oración diferente. Es un juego lingüístico semejante al palíndromo, pero menos exigente. Anagrama de *armonización* es, por ejemplo, *romanización*, y cabría transformar *murciélago* en *Camilo ruge*. Las posibilidades son múltiples.

Es indudable la utilidad del anagrama como método para encriptar mensajes. En el ámbito literario ha enmascarado más de una vez autorías sospechosas. Cortázar ha logrado resultados muy brillantes en alguno de sus cuentos. Mención especial merece el *Avida dollars*, anagrama de Salvador Dalí que ideara André Breton para caracterizar despectivamente la deriva mercantilista de un pintor que, en su opinión, había sacrificado sus dotes creadoras, movido por la sed de dinero.

A MAL TIEMPO,
BUENA CARA

Las redes sociales, en las que prima la economía del lenguaje, han recurrido a representaciones icónicas para complementar el texto. Hablamos de los emoticonos, formas de comunicación características de los medios digitales y que introducen matices o añaden complicidades en el mensaje.

La palabra procede del inglés *emoticon*, acrónimo de los términos *emotion* ('emoción') e *icon* ('icono'). En origen, el emoticono era una combinación de signos del teclado alfabético con la que se representaban de forma esquemática determinadas emociones o sencillos objetos con el fin de transmitir una idea o un estado de ánimo. Para entender el mensaje bastaba con inclinar un poco la cabeza. Enseguida, las aplicaciones informáticas se encargaron de transformar automáticamente la secuencia de puntos, guiones y paréntesis en pequeñas caras (estas imágenes se denominan *emojis*):

alegría :) → ☺
tristeza :(→ ☹
ironía ;) → ☺

Aunque los emoticonos son elementos característicos del lenguaje escrito, acercan a quien recurre a ellos al ámbito de la oralidad, en ese estilo híbrido de comunicación que es típico de las aplicaciones de mensajería digital. Poseen idéntica función a la que, en una conversación entre interlocutores que se están viendo, se atribuye a un gesto facial, al cambio en la entonación o en el volumen de la voz, o a determinado movimiento del cuerpo, en definitiva, a la llamada comunicación no verbal, campo de estudio de la pragmática.

Un gesto de ironía actúa como comodín que permite reinterpretar la intención del emisor y quitar hierro a lo dicho con apariencia de brusquedad. Los emoticonos expresan perplejidad, indican que uno despliega la paciencia de un santo, pero también que, rojo de ira, está a punto de estallar, que hace frío, llega el sueño o algo da que pensar, que estamos enfermos o pedimos discreción... Siempre hay una cara oportuna a la que recurrir. Pero no todo son gestos y rostros, existe un amplio catálogo de animales, objetos y figuras que, como refuerzo de la palabra, van trazando el contexto del mensaje que se quiere trasladar. Un puño cerrado, unas manos que aplauden, un pequeño mono que se tapa los ojos o dos jarras de cerveza que entrechocan permiten empatizar con el receptor en momentos difíciles y desearle ánimo, compartir la alegría de sus éxitos, expresar vergüenza o entender que hay cita con los amigos.

En definitiva, estas imágenes potencian la función expresiva del lenguaje en un contexto en que los códigos comunicativos, incluso tratándose de mensajes objetivos, se resisten a ser del todo asépticos. Los emoticonos, elementos de expresión subjetiva, aunque puedan expresar sentimientos universales, son producto de la convención y tienen una importante carga cultural.

LENGUAS Y LENGUAJES MUY PARTICULARES

EL LADINO, UN ESPAÑOL MUY ANTIGUO

Tras su expulsión de España en 1492 por orden de los Reyes Católicos, los judíos llevaron con ellos su lengua —en esencia, la misma que empleaban los habitantes del territorio peninsular abandonado—, y preservaron su uso en los nuevos lugares de asentamiento, dando origen al ladino, sefardí o judeoespañol.

Los sefardíes que se establecieron en Asia Menor, la región balcánica, Israel o el norte de África fueron los más fieles a su lengua de origen, en la que pervivieron determinados rasgos del castellano anterior al siglo XVI. No obstante, el ladino fue incorporando préstamos léxicos procedentes no solo del hebreo, peculiaridad que ya se daba en el español de los judíos antes de abandonar Sefarad (nombre de la península ibérica en la tradición hebrea), sino también de aquellas lenguas con las que los expulsados estuvieron en contacto, árabe, turco, italiano, griego o lenguas balcánicas, y fue también capaz de crear sus propios términos a partir de la base del español.

Hasta el siglo XIX, el judeoespañol utilizó preferentemente el alfabeto hebreo, dando lugar a la escritura aljamiada. A partir de entonces, se extendió la costumbre de usar el alfabeto latino, en especial en Turquía, aunque con una ortografía peculiar. Algunas de sus características más llamativas son la conservación de determinados sonidos perdidos en el español actual, la distinción fonética entre *b* y *v*, y la transformación del grupo *-rd-* en *-dr-* (*guadran* por *guardan*). También mantuvo la preferencia por las formas verbales *vo*, *do*, *esto* o *so* (en lugar de *voy*, *doy*, *estoy* o *soy*), así como la extensión de la terminación del indefinido *-i* e *-imos* a verbos de la primera conjugación: *favlí*, *favlimos* (en lugar de *hablé*, *hablamos*, la *f* inicial latina se ha conservado en algunas áreas). La presencia y ausencia de diptongos resulta inesperada: *adientro* por *adentro*, *preto* por *prieto*.

El ladino tiene carácter arcaizante (se pueden encontrar voces como *agora* [ahora], *mancevo* ['mancebo'], *falduquera* ['faltriquera', 'bolsillo'] u *ogaño* ['hogaño']), y tendencia a generar formas específicas para el femenino en los adjetivos —también en los sustantivos— invariables, lo que da lugar, por ejemplo, al uso de *jóvenas* para designar a un grupo de muchachas.

A partir de mediados del siglo XIX, con la creciente influencia de Occidente en el Mediterráneo oriental y el norte de África, su uso quedó relegado al ámbito familiar o doméstico y a grupos sociales de escaso poder adquisitivo y formación. En octubre de 2019 la Real Academia Española aprobó la constitución en Israel de una Academia Nacional del Judeoespañol.

DE GERMANÍA, PERO NO ALEMÁN

Con el nombre de *germanía* (del latín *germānus* ['herma-no']) se conoce la jerga o manera de hablar de rufianes y maleantes, vinculados entre sí por su actividad y modo de vida en una especie de hermandad (de ahí el nombre), y muy en particular, la forma de hablar propia de los bajos fondos de la España del Siglo de Oro.

El vocabulario de la germanía —compuesto por voces del léxico español cuyo significado se modifica, y a las que se unen otras de muy diversa filiación— aparece con frecuencia en la novela picaresca y en composiciones de tono burlesco y satírico que describen la sociedad marginal de los siglos XVI y XVII. Puede que la más célebre hermandad de delincuentes de nuestra literatura sea la que frecuenta el sevillano patio de Monipodio, escenario en el que Miguel de Cervantes sitúa la acción de la novela ejemplar *Rinconete y Cortadillo*.

Allí se nos habla de *avispones* que «servían de andar de día por toda la ciudad *avispando* en qué casas se podía dar tiento de noche», al tiempo que uno de los protagonistas, Pedro del Rincón, se jacta de su habilidad para hacer *verru-guetas*, la trampa de jugar con las cartas marcadas. En otro pasaje, uno de los rateros informa a Diego Cortado de las bondades del maestro Monipodio, señalando «que en cuatro años que ha que tiene el cargo de ser nuestro mayor y padre, no han padecido sino cuatro en el *finibusterrae* ['la horca'] y obra de treinta *envesados* ['azotados'] y de sesenta y dos en *gurapas* ['galeras']».

A este último castigo se refiere también don Quijote. En el mismo pasaje —cuando el hidalgo se topa con una cuerda de presos—, recoge Cervantes otra expresión propia de germanía, *cantar en el ansia*:

—[...] concluyose la causa, acomodáronme las espaldas con ciento, y por añadidura tres años de gurapas, y acabose la obra.

—¿Qué son gurapas? —preguntó don Quijote.

—Gurapas son galeras —respondió el galeote.

[...]

—¿Pues cómo? —repitió don Quijote—. ¿Por músicos y cantores van también a galeras?

—Sí señor —respondió el galeote—, que no hay peor cosa que cantar en el ansia. [...] señor caballero, cantar en el ansia se dice entre esta gente *non santa* confesar en el tormento.

Quevedo, por su parte, expone en las *Jácaras* las andanzas de algún *mandil*, nombre que designa al criado al servicio de prostitutas y bribones.

Con el paso del tiempo, algunas voces de germanía se han ido incorporando a la lengua coloquial y aparecen recogidas en el diccionario académico sin la marca de su posible origen: *birlar* ('robar, estafar'), *bufido* ('grito'), *piltra* ('cama'), *trena* ('cárcel'). Otras, sin embargo, han conservado esa indicación y han llegado con ella hasta el presente.

Son ladrones de poca monta los *bajamaneros*, hábiles sobre todo distrayendo al otro con las manos, y los *caletas*, que *murcian* ('roban') sirviéndose de un *guzpátaro* o agujero. En la *alegre* ('taberna') y el *boliche* ('casa de juego'), *jayanes* ('rufianes) y *pilladores* ('fulleros') se intercambian *chirlos* ('golpes') si hacen trampas con la baraja (*bueyes*) o con los dados (*pestes*). En la *manfla* prestan sus servicios las *maletas*, prostitutas que también se denominan con el muy sonoro *hurgamanderas*.

EL CALÓ, UNA LENGUA FETÉN

El caló da nombre a la lengua de los gitanos asentados en la península ibérica y en algunas áreas de Francia. Una palabra como *fetén* sirve de muestra de la aportación al español de una lengua que gozó de gran vitalidad en España durante el pasado siglo.

El caló (voz que propiamente significa 'negro') es un dialecto derivado del romaní, una lengua del grupo indio propia de las comunidades gitanas que se extendieron por Europa y Asia, que ha recibido fuertes influencias de las lenguas con las que ha estado en contacto a través del tiempo. Se trata de una lengua mixta, en la que el léxico romaní se superpone a la sintaxis y la morfología de las lenguas romances peninsulares.

Pero si el caló debe su existencia, entre otras lenguas, al castellano, en sentido inverso, abundan en castellano palabras procedentes del habla gitana y ya asentadas en su léxico. De manera especial, pero no exclusiva, el caló influyó en el habla popular de Andalucía, región que en el siglo XVIII contaba con una nutrida comunidad gitana. La permeabilidad entre el caló y el vocabulario de germanías y jergas en mayor o menor medida vinculadas con los ambientes de la delincuencia dio lugar, a su vez, a un trasvase de términos que, junto con la popularización de lo andaluz, habría favorecido la penetración del habla de los gitanos en la lengua general, perdido ya el carácter críptico propio de este tipo de variedades lingüísticas.

Son muchos los términos que ejemplifican la vigencia del caló en el español. La voz *camelo* procede de *camelar* ('querer, enamorar'), que a su vez se deriva del sánscrito *kāma*, que significa 'deseo, amor'. En español alude al galanteo, pero también al engaño. *Cate*, que designa tanto un golpe como el suspenso, procede del *caté* caló, que significa 'bastón' y está emparentado con una voz sánscrita, *kāṣṭha*, 'madera'. Son vocablos de dicha procedencia *canguelo* ('miedo'), *chaval* ('niño, joven'), *chingar*, que tiene diversos significados, entre otros 'practicar el coito', 'beber' y 'molestar', *chungo* ('malo' o 'difícil'), *currar* ('trabajar'), *diñar*, con el significado de 'entregar', pero que acompañado del pronombre enclítico se transforma en *diñarla* ('morir'), *endiñar* ('dar o asestar un golpe'), *gachó* ('hombre, individuo'), *gilí* ('tonto, lelo'), *mangar* ('robar' o 'pedir'), *molar* ('gustar'), *paripé*, procedente de la voz caló *paruipén* ('cambio, trueque'), que el diccionario académico define en español como 'fingimiento, simulación o acto hipócrita', *parné* ('dinero'), *pinrel*, que se refiere al pie del cuerpo humano, o *pureta*, derivada de la voz *puré* y que significa 'viejo, anciano'. Muchas de estas voces pasaron a América, donde en ocasiones han tomado nuevos significados.

En la actualidad, el caló se encuentra en regresión. Su uso se encuentra sobre todo restringido al ámbito familiar. La situación de bilingüismo entre el castellano y la lengua de los gitanos, el romaní, fue ahondando la desigualdad, en detrimento de la más débil de las dos.

LA INFLUENCIA DE UN GIGANTE: EL *ESPANGLISH*

La convivencia entre dos lenguas puede generar híbridos, palabras y construcciones que sorprenden por su extravagancia o ingenio. Es lo que sucede con el *espanglish*, una modalidad del habla que practican en Estados Unidos determinados grupos hispanos, y que se define por la combinación de rasgos léxicos y gramaticales procedentes tanto del español como del inglés. Al parecer, fue el escritor puertorriqueño Salvador Tió quien, en 1948, empleó por vez primera el término.

Lógicamente, el origen de la comunidad de hablantes establece particularidades en la utilización de giros y vocablos. El *espanglish* de Miami, donde existe un elevado porcentaje de emigración cubana, no es igual al de California, estado con alta presencia de mexicanos, o el de Nueva York. Cabría hablar, también, de un *espanglish* en Puerto Rico, Estado expuesto a una creciente influencia norteamericana.

A veces, inglés y español coexisten en la frase, y se intercalan, en pugna por ganar la partida el uno al otro (Tell me, *¿tienes frío?*; *Me hace falta otro* closet *en el* flat), con independencia de la extensión del enunciado (I'm sorry, but I couldn't attend your lecture *porque a la misma hora tenía* *un examen*, pero I will arrive for the meeting tomorrow). Es la denominada «alternancia de códigos», expresión derivada de *code switching* —en *espanglish, switchear*—.

Frente a estos préstamos puros o alternancias, existen vocablos mixtos o adaptados. Es lo que sucede en *tripear*, del verbo inglés *to trip* ('derribar, hacer caer'), en *frizar*, de *to freeze* ('congelar'), o en *chiriona* ('tramposa'), de *to cheat* ('hacer trampas'). En otros casos se adapta directamente la fonética inglesa a la ortografía española, lo que genera términos como *motosaika*, de *motorcycle* ('motocicleta'), o *troca*, de *truck* ('camión').

No es extraño que una palabra española incorpore un significado procedente de otra del inglés —significado que en origen le es ajeno—, originándose un falso amigo por semejanza de ambos vocablos. Es el caso de *hacer apología* y *to apologize*, 'disculparse'. Otro fenómeno característico del *espanglish* es el calco gramatical que lleva a utilizar *en orden a* en lugar de *para* por la influencia del inglés *in order to*, o a preguntar *¿Qué es tu nombre?* en lugar de *¿Cómo te llamas?*, recurriendo a una traducción literal del *What's your name?*

El *espanglish* cuenta con detractores y partidarios. Entre sus máximos defensores se encuentra el profesor mexicano Ilan Stavans, traductor del primer capítulo del *Quijote,* que comienza así: «*In* un *placete* de La Mancha of *which name* no quiero *remembrearme*...».

UNA LENGUA MESTIZA: EL YOPARÁ

En el transcurso de los dos siglos que siguieron al desembarco de Colón en tierras americanas, se calcula que pasaron al Nuevo Mundo alrededor de quinientos mil españoles. A su llegada, encontraron cerca de cincuenta millones de indígenas y, especialmente en el sur y el centro del continente, una situación de clara atomización lingüística. Al tiempo que las acciones armadas y la transmisión de enfermedades desconocidas iban diezmando a los hablantes autóctonos, el empleo de algunas lenguas locales de extensión considerable como instrumento para la evangelización contribuyó de manera decisiva a acabar con el mosaico idiomático. Convertidas en lenguas francas entre grupos de diverso origen étnico y en forma de comunicación con los llegados del Viejo Continente, alcanzaron notable expansión el quechua, el náhuatl, el maya o el guaraní, lengua hoy oficial en Paraguay hablada también en zonas limítrofes de Bolivia y Argentina.

El uso del guaraní local en las reducciones jesuíticas de Brasil, Argentina y Paraguay favoreció que, en la competencia entre el idioma nativo y el español, el primero no saliera tan mal parado como otras hablas vernáculas. Así, aunque el español penetró desde el primer momento en el guaraní original —con la introducción de términos indispensables para predicar el Evangelio y la eliminación de los relacionados con los cultos paganos que se pretendía erradicar—, tales alteraciones nunca le hicieron perder su estructura. Hoy es uno de los ejemplos de lengua indígena que, convertida en lengua general, comparte estatuto de cooficialidad con el español en un país hispanoamericano. Paraguay es un país bilingüe, y es precisamente este extremo el que diferencia el guaraní de otras lenguas autóctonas del continente, ya que su uso no queda restringido a las comunidades indígenas.

La convivencia del español y el guaraní ha generado una lengua mixta, coloquial, el yopará o guarañol, con la que se comunican buena parte de los paraguayos en el día a día. El término *yopará* (en su grafía original *jopara*) designa en guaraní un guiso típico elaborado a base de carne seca, maíz y porotos, entre otros ingredientes, y también es sinónimo de *mezcla*. Incorpora cierto matiz despectivo que aludiría a algo confuso y abigarrado, presente en la caracterización que hizo de este híbrido uno de los más célebres representantes de las letras paraguayas, Augusto Roa Bastos, que lo tildó de «horrendo dialecto» y «habla idiota».

No hay consenso acerca de la definición del yopará —la relación entre el guaraní y el español debiera entenderse como un continuo de límites imprecisos—, pero la influencia del español es muy significativa en el nivel léxico y menos importante en el morfosintáctico. No son pocos los autores que consideran que el yopará es una corrupción extendida del guaraní —un guaraní mestizo, por tanto—, que adaptaría léxico español a la morfosintaxis de la lengua autóctona original, incorporando también partes del discurso en español.

MI BUENOS AIRES QUERIDO:
EL LUNFARDO

A finales del siglo XIX y comienzos del XX, surgió en la ciudad de Buenos Aires y sus alrededores una jerga que se conoce con el nombre de *lunfardo* y que, de manera habitual, se asocia a los ambientes marginales de la delincuencia. No es baladí que el mismo término fuera empleado para designar a los delincuentes. Borges subrayó esta condición gremial, aunque algunos estudiosos cuestionan este extremo, caracterizando el lunfardo como lenguaje propio de las clases más humildes y no exclusivo del mundo de los bajos fondos.

En tanto que registro característico de rufianes y maleantes, el lunfardo habría recurrido a numerosos términos propios de la lengua de germanía peninsular, que se mezclaron con palabras italianas. No en vano la mayoría de los inmigrantes llegados al país desde finales de los años cincuenta del siglo XIX procedían de España (en particular de Galicia, de ahí el término *gallego* con el que se denomina a los españoles en Argentina) y, sobre todo, de Italia. Todo ello originó esta peculiar variedad lingüística en cuya configuración también habrían desempeñado un papel relevante términos específicos —indígenas, de origen africano o de filiación gauchesca— y préstamos de otros idiomas, por ejemplo del francés y del portugués. No ha de olvidarse tampoco el aporte de esa curiosa jerga formada por palabras cuyas sílabas y sonidos se alteran para dificultar su reconocimiento, el *revesado* —característico también del léxico de germanía, donde el término *chepo* significa 'pecho'—, que es una suerte de metátesis.

Con el tiempo, una cantidad significativa de estos vocablos, giros y expresiones del lunfardo quedaría incorporada al español popular de las clases bajas tanto de Argentina como de Uruguay, penetrando en la cultura y en la música a través del tango, que está asociado a los ambientes arrabaleros rioplatenses.

«Sola, fané y descangayada...», reza el tango de Enrique Santos Discépolo, que tanto éxito alcanzó interpretado por Gardel —el Troesma, 'maestro' por transposición de las sílabas—. Pues bien, *fané* es vocablo lunfardo y procede del francés *fané*, que quiere decir 'marchito', 'demacrado', idéntico significado con que habría pasado al español.

Otras muchas voces del lunfardo, algunas muy extendidas, se consideran hoy simplemente coloquiales o vulgares, y no exhiben en el diccionario vinculación alguna con el habla *lunfa*. Entre ellas, podemos mencionar: *bacán* ('persona adinerada'), *engrupir* ('hacer creer una mentira'), *cana*, que designa tanto la cárcel como al cuerpo de la Policía y a cada uno de sus miembros, *vichar* ('atisbar, observar furtivamente' o 'vigilar con la mirada'), *mina* ('mujer'), *fiaca* ('pereza, desgana' o 'perezoso, indolente, desganado'), *pucho* ('resto, residuo, pequeña cantidad sobrante de alguna cosa' y, más concretamente, 'colilla'), o *morfar*, sinónimo de *comer*.

El lunfardo no introduce innovaciones ni en la flexión de adjetivos y sustantivos ni en la conjugación de verbos. La morfología y la sintaxis son las del castellano.

CHABACANO, PERO NO GROSERO

En los antiguos territorios coloniales, y como resultado de la convivencia entre las hablas locales y la lengua de los españoles, fue habitual la aparición de variedades criollas. En las islas Filipinas, surgió el chabacano, resultado de la mezcla del español con elementos procedentes de diversas lenguas nativas, en especial dos del grupo malayopolinesio, el tagalo y el bisayo. Aproximadamente medio millón de personas en Luzón, Mindanao y otras islas del archipiélago hablan chabacano.

Esta lengua híbrida, en la que a un sustrato autóctono se superpuso el léxico castellano, nació de la convivencia de españoles, filipinos y mexicanos —la administración española de Filipinas se organizó desde el virreinato de Nueva España— en Zamboanga, ciudad fundada como fortaleza militar en el siglo XVII. Su nombre resulta suficientemente expresivo, era percibida por los colonos como una variedad vulgar del español.

A pesar de lo cual, el chabacano, en el siglo XVIII, estaba ya diferenciado. Entre sus particularidades cabe reseñar la transformación de la efe española en pe, lo que da lugar a voces como *Pilipinas* (en lugar de *Filipinas*) o a la expresión *por pavor* (en lugar de *por favor*). Existe el seseo (*na*

tasa por *una taza*) y, asimismo, se produce la aspiración de
la jota, que a veces alterna con la hache, por ejemplo,
en la partícula negativa *hende* o *jende*. También se aprecia
alternancia entre la uve y la be. Se escribe tanto *chavacano*
como *chabacano*.

En lo morfológico, se recurre al uso de la forma *mga*
para marcar el plural, por lo que *el mga perro* equivale a 'los
perros'. Como otras lenguas criollas, el chabacano no con-
templa la distinción de género y solo se utiliza el artículo *el* (*el
leche* en lugar de *la leche*). Los verbos, que en infinitivo pier-
den la *r* final, no se conjugan, y se utilizan partículas independientes para expresar aspecto perfecto (*ya*) o progresivo
(*ta*). Así, *ya anda* significaría 'se marchó', y *ta akusta*, 'estaba
acostado'. Para el futuro es frecuente emplear *ay*. *Ay encontra
yo con vos siempre*, equivale a: 'Siempre te encontraré'. En lo
referente al orden sintáctico, lo habitual es «verbo + sujeto +
objeto».

A partir de 1898, el chabacano fue perdiendo terreno
en favor del tagalo y del inglés, que se impuso de forma
mayoritaria como lengua de cultura a partir de la Segunda
Guerra Mundial. Hoy existen iniciativas encaminadas a
preservarlo, tanto en el ámbito académico como en los
medios de comunicación. En algunos programas de televisión y radio se puede escuchar, por ejemplo, *Buenas diyas
Zamboanga, uwi ostedes mi cansion*, que sería lo mismo que
'Buenos días, Zamboanga, oigan ustedes mi canción'. También cabe la posibilidad de entretenerse recurriendo a la
lectura de *El Diutay Principe*, la célebre obra de Antoine de
Saint-Exupéry. Traducida por Jerome Herrera, que nos
ofrece este comienzo en simple chabacano:

Una vez, cuando seis años lang yo, tiene yo un libro
acerca del vida de maga animal na monte cuando no hay

pa alla tanto gente. *Maga Experiencia De Mio* el nombre del libro y ya puede yo alla mira un bien bonito retrato. Un retrato aquel de un grande culebra quien ta traga un animal. Taqui el copia de aquel retrato.

ÍNDICE

Este libro se terminó
de imprimir en
Móstoles, Madrid,
en el mes de
junio de 2022